ALESSANDRO LATTORE

SER DENTISTA ES UNA EMPRESA

De profesional clínico a empresario de la salud:

La guía practica para abrir y gestionar tu clínica

Primera edición: Octubre de 2025
ISBN: 979-1282373-28-9

Editado por Editorial Mac Duir Publishing
www.macduir.com info@macduir.com

COLECCIÓN: ***Gestión y Empresa en la Salud***

- *Ser Dentista es una Empresa*

- *Marketing Dental 360°*

- *Liderazgo Clínico y Gestión Humana*

- *Innovación y Tecnología en Odontología*

- *El Arte de la Excelencia Clínica*

A quienes eligieron la odontología como vocación y
asumieron la empresa como responsabilidad,
entendiendo que cuidar la práctica, el equipo
y la estructura es también una forma
de cuidar a las personas.

ÍNDICE

NOTA DEL AUTOR

Este libro no ha sido escrito desde el sillón dental ni desde la experiencia clínica directa. Ha sido escrito desde la observación constante, prolongada y sistemática de un sector que conozco desde dentro: la odontología como actividad económica, organizativa y humana. Mi formación es económica y empresarial, y mi trabajo durante años ha consistido en operar, analizar, estructurar y acompañar proyectos dentro del mundo dental, desde consultorios individuales hasta organizaciones más complejas, tanto en América Latina como en Europa.

Precisamente por no ser dentista, he podido ver con mayor claridad un fenómeno que se repite con sorprendente regularidad: la enorme distancia entre la excelencia clínica y la fragilidad empresarial de muchas prácticas odontológicas. He visto profesionales técnicamente brillantes atrapados en estructuras mal diseñadas, negocios rentables que colapsan por falta de control financiero, clínicas con gran demanda que no logran crecer por ausencia de procesos, liderazgo o visión estratégica.

Este libro nace de esa experiencia acumulada. No pretende enseñar odontología ni interferir en el criterio clínico. Ese conocimiento pertenece al dentista y debe seguir perteneciendo al dentista. Lo que este libro aborda es otra dimensión, igual de real y determinante: el consultorio dental como organización económica, como empresa de servicios de salud, como sistema que requiere dirección, planificación y gobierno.

Durante demasiado tiempo se ha transmitido la idea de que hablar de empresa en el ámbito sanitario es algo incómodo, casi impropio. Como si la gestión, la rentabilidad o el crecimiento fueran conceptos ajenos a la ética profesional.

Mi experiencia demuestra exactamente lo contrario. Una mala gestión no solo afecta al empresario, afecta al equipo, al paciente y a la calidad del servicio. La sostenibilidad económica no es un lujo, es una condición necesaria para ejercer bien.

He trabajado con dentistas que aman profundamente su profesión y, sin embargo, viven con ansiedad constante, jornadas interminables y una sensación de estar siempre apagando incendios. En la mayoría de los casos, el problema no es la falta de esfuerzo ni de vocación, sino la ausencia de estructura. No se puede sostener un proyecto de salud sobre la improvisación permanente.

Por eso este libro está escrito desde el lenguaje de la empresa, pero traducido a la realidad del consultorio. Habla de finanzas, procesos, marketing, liderazgo, cumplimiento normativo y estrategia, no como conceptos abstractos, sino como herramientas prácticas que permiten ordenar la práctica diaria. No se trata de convertir al dentista en un ejecutivo desconectado de su vocación, sino de dotarlo de criterios para tomar decisiones con menos desgaste y mayor claridad.

Como economista, he aprendido que toda organización es un sistema. Cuando una parte del sistema falla, el resto termina resintiéndose. En el consultorio dental esto es especialmente evidente. Una agenda mal gestionada genera estrés clínico. Una política de precios confusa afecta la relación con el paciente. Un liderazgo débil deteriora el clima del equipo. Nada ocurre de manera aislada.

Este manual no propone modelos únicos ni soluciones rígidas. Cada consultorio tiene su contexto, su tamaño, su mercado y sus aspiraciones. Lo que propone es un cambio de mirada. Invita a observar la práctica no solo desde la urgencia diaria, sino desde una perspectiva estratégica. A preguntarse no solo qué hacer hoy, sino qué tipo de consultorio se quiere construir en cinco o diez años.

He decidido escribir este libro de forma directa, clara y sin adornos innecesarios. No es un texto académico ni un discurso motivacional. Es una guía de trabajo. Puede leerse de principio a fin o consultarse por capítulos. Puede acompañar a quien está abriendo su primera clínica o a quien lleva años operando sin haber detenido nunca el ritmo para reflexionar sobre su estructura.

Este libro también es fruto de una convicción personal: la odontología necesita más diálogo entre el mundo clínico y el mundo empresarial. No para que uno domine al otro, sino para que se complementen. Cuando ambos lenguajes se integran, el resultado es una práctica más sólida, más humana y más sostenible.

Si estas páginas logran que el lector tome una decisión con mayor claridad, ordene un proceso que llevaba tiempo postergando o simplemente comprenda que no está solo en los desafíos que enfrenta, entonces el objetivo estará cumplido. Ser dentista es una empresa no como provocación, sino como realidad. Reconocerlo es el primer paso para gobernarla.

Alessandro Lattore

Introducción

Ser Dentista es una Empresa

La odontología es una de las profesiones más valoradas y respetadas a nivel mundial. La capacidad de un dentista para transformar la vida de sus pacientes, al aliviarles dolores y restaurar su salud bucal, es una labor admirable. Sin embargo, más allá de la habilidad técnica y los conocimientos clínicos, un dentista debe poseer una serie de destrezas y habilidades empresariales esenciales para asegurar el éxito de su consultorio. Es aquí donde surge la necesidad de considerar la odontología no solo como una profesión médica, sino como un verdadero negocio.

Gestionar un consultorio dental implica, esencialmente, administrar una empresa.

Desde el momento en que decides abrir tu propia clínica, te conviertes no solo en un proveedor de servicios de salud, sino también en un empresario. Como tal, te enfrentas a una serie de desafíos propios de cualquier negocio: gestión de recursos, marketing, administración financiera, relaciones con los clientes (o pacientes, en este caso), e incluso la necesidad de innovación constante para seguir siendo competitivo en un mercado cada vez más exigente.

En muchas ocasiones, los dentistas recién graduados o aquellos que deciden abrir su propia consulta se centran casi exclusivamente en el aspecto técnico de su trabajo. Se enfocan en ofrecer el mejor servicio posible, en perfeccionar sus habilidades, en estar al tanto de las últimas técnicas y avances de la odontología. No obstante, si bien todo esto es fundamental para el éxito de un consultorio, no es suficiente. De hecho, muchos consultorios dentales fracasan a pesar de ofrecer una atención excepcional debido a la falta de una gestión adecuada. Esto se debe a que, si bien la odontología es una profesión altamente técnica, la gestión de un consultorio dental es, en su mayoría, una actividad administrativa y empresarial.

Es importante entender que la odontología moderna ha evolucionado hacia un modelo donde los dentistas no solo son expertos en el diagnóstico y tratamiento de las afecciones dentales, sino también líderes empresariales. El consultorio dental debe ser visto como una entidad independiente que necesita ser gestionada con una mentalidad estratégica, de manera similar a cualquier otro negocio. La calidad del servicio, la eficiencia operativa, la satisfacción del paciente y la rentabilidad son aspectos que dependen de una buena administración empresarial.

La analogía entre el consultorio dental y una empresa

Cuando comparamos un consultorio dental con una empresa, encontramos paralelismos claros. Primero, un dentista debe considerar que su consultorio es un negocio de servicios. Como cualquier empresa, debe generar ingresos para sostenerse, pagar sus costos operativos y, en última instancia, ser rentable. Para ello, es esencial que el dentista, como líder de la empresa, tome decisiones inteligentes y estratégicas que aseguren el crecimiento y la sostenibilidad del negocio.

Al igual que en una empresa, un consultorio dental debe tener un modelo de negocio claro. Este modelo define cómo se generarán los ingresos, cuáles son los servicios principales ofrecidos (tratamientos dentales, ortodoncia, estética dental, etc.), cuál es el público objetivo y qué estrategias de marketing y ventas se utilizarán para atraer y fidelizar a los pacientes. El éxito de un consultorio depende de una buena definición y ejecución de su modelo de negocio.

En cualquier empresa, el dueño o líder empresarial debe gestionarse a sí mismo y a su equipo de trabajo de manera eficiente. En un consultorio dental, esto implica gestionar al personal (dentistas, higienistas, asistentes, recepcionistas, etc.), asegurarse de que estén bien capacitados y motivados, y coordinar eficientemente las operaciones diarias para ofrecer un servicio fluido. Un equipo bien gestionado, con roles claramente definidos y con un ambiente de trabajo positivo, es fundamental para el funcionamiento del consultorio y, por ende, para el éxito del negocio.

De igual manera, la gestión financiera es otro aspecto vital que conecta la odontología con el mundo empresarial. Así como una empresa debe controlar sus costos, gestionar sus recursos y planificar sus inversiones, un consultorio dental debe hacer lo mismo. Esto implica llevar una contabilidad rigurosa, gestionar el flujo de efectivo, optimizar los gastos y asegurarse de que los ingresos generados por los tratamientos cubran los costos operativos y permitan la rentabilidad. Los dentistas deben comprender que el control financiero no solo es necesario para pagar las cuentas del mes, sino que es una herramienta clave para tomar decisiones informadas sobre la expansión de la clínica, la compra de nuevos equipos, la contratación de más personal, y demás.

La importancia del marketing y la marca personal

Otro aspecto fundamental de gestionar un consultorio dental como una empresa es el marketing. Cualquier negocio necesita atraer clientes (o pacientes, en este caso) para sobrevivir y crecer. A diferencia de muchas otras profesiones, los dentistas no pueden esperar simplemente a que los pacientes lleguen. Es necesario ser proactivo en la promoción del consultorio, utilizando estrategias de marketing digital, redes sociales, marketing local y la construcción de una marca personal que refleje confianza y calidad.

La marca personal de un dentista juega un papel crucial en la atracción y fidelización de pacientes. En la era digital, los pacientes buscan cada vez más información sobre los dentistas y sus servicios en línea antes de tomar una decisión. Por lo tanto, tener una presencia activa en redes sociales, un sitio web profesional y reseñas positivas de los pacientes es esencial para destacar frente a la competencia. El marketing no solo se trata de promocionar los servicios, sino de construir una relación con el paciente basada en la confianza, la empatía y el profesionalismo.

El liderazgo dentro del consultorio dental

Otro paralelismo clave entre ser dentista y ser empresario es la necesidad de liderazgo. Al igual que cualquier otro líder empresarial, un dentista debe ser capaz de guiar a su equipo hacia el éxito. Un buen líder no solo es alguien que sabe hacer su trabajo, sino alguien que sabe cómo motivar y coordinar a su equipo de trabajo para lograr objetivos comunes. En un consultorio dental, esto implica no solo ser un líder técnico, sino también un líder empresarial que promueva un ambiente de trabajo colaborativo, donde cada miembro del equipo se sienta valorado y comprometido con la visión del consultorio.

La gestión del personal es uno de los aspectos más críticos de cualquier empresa, y en un consultorio dental no es diferente. Un equipo bien gestionado, con una comunicación clara y un enfoque en los resultados, puede marcar la diferencia entre el éxito y el fracaso de la práctica. Además, el liderazgo efectivo también está vinculado a la gestión del tiempo. Los dentistas deben ser capaces de organizar su agenda para equilibrar sus responsabilidades clínicas, administrativas y de gestión, asegurando que todas las áreas del consultorio funcionen de manera eficiente.

El impacto de una mentalidad empresarial en el consultorio dental

La mentalidad empresarial que se requiere para gestionar un consultorio dental con éxito implica entender que el consultorio no es solo un lugar de trabajo, sino una empresa que requiere planificación, estrategias, análisis de resultados y una constante adaptación al mercado. Esta mentalidad permite al dentista ver más allá de los procedimientos clínicos y tomar decisiones informadas sobre la expansión, la contratación de personal, el control de calidad y la satisfacción del paciente.

Es importante recordar que, como en cualquier otra empresa, un consultorio dental debe ser capaz de innovar y adaptarse a los cambios. La odontología está en constante evolución, con nuevas tecnologías, técnicas de tratamiento y avances en la atención al paciente. Además, las expectativas de los pacientes también cambian con el tiempo. El dentista debe estar dispuesto a invertir en capacitación continua, adoptar nuevas tecnologías y ajustar su enfoque según las necesidades del mercado.

Conclusión: Transformar un consultorio dental en una empresa exitosa

En resumen, ser dentista hoy en día es mucho más que realizar procedimientos odontológicos. Es ser el dueño y gerente de una empresa, lo que implica gestionar no solo la atención al paciente, sino también todas las áreas empresariales relacionadas con el consultorio. Con la mentalidad y las herramientas adecuadas, un dentista puede construir una práctica exitosa, sostenible y rentable. Este libro está diseñado para ayudarte a comprender cómo

administrar tu consultorio dental con éxito, mejorar tu eficiencia operativa y, al mismo tiempo, proporcionar la mejor atención a tus pacientes.
Ser dentista es, en última instancia, ser un empresario. Y como en cualquier empresa, el éxito depende de cómo gestionas tus recursos, tu equipo, tus finanzas y tus relaciones con los pacientes. Con las estrategias correctas, puedes transformar tu consultorio dental en una empresa exitosa que no solo brinde excelentes resultados clínicos, sino que también sea rentable, eficiente y capaz de crecer y adaptarse a los desafíos del futuro.

Objetivos del Manual

El principal objetivo de este manual es proporcionar a los dentistas una guía práctica y accesible para administrar y hacer crecer su consultorio dental de manera eficiente, rentable y sostenible.

A lo largo de este libro, aprenderás a transformar tu consultorio no solo en un centro de atención dental de calidad, sino también en una empresa exitosa que opere de forma fluida, organizada y con visión de futuro.
Los objetivos específicos que perseguimos con este manual son los siguientes:

1. Comprender la Gestión Empresarial en la Odontología

Uno de los principales objetivos de este manual es ayudarte a comprender que ser dentista es ser dueño de una empresa. Aunque tu principal responsabilidad será siempre la atención a tus pacientes, también tendrás que tomar decisiones empresariales que afecten la rentabilidad, el crecimiento y la sostenibilidad del consultorio. Este manual te proporcionará las herramientas necesarias para desarrollar una mentalidad empresarial, aprender a organizar tu trabajo y administrar tu negocio dental como un verdadero emprendedor.

2. Mejorar la Eficiencia Operativa

La eficiencia es clave para asegurar que el consultorio dental funcione de manera fluida y sin contratiempos. En este manual, te enseñaremos a optimizar los procesos operativos de tu consultorio, desde la gestión de citas hasta el control de inventarios y la programación del personal. La eficiencia operativa no solo mejora la experiencia del paciente, sino que también contribuye a reducir costos innecesarios y aumentar la productividad de tu equipo. A través de técnicas y herramientas específicas, aprenderás a implementar procesos más ágiles y efectivos que permitan ofrecer un servicio de alta calidad sin complicaciones.

3. Maximizar la Rentabilidad del Consultorio

Un aspecto esencial de la gestión empresarial en la odontología es garantizar que tu consultorio sea financieramente rentable. Este manual te proporcionará estrategias prácticas para controlar los costos, optimizar los precios de los servicios, mejorar la facturación y cobranza, y gestionar el flujo de efectivo de manera efectiva. Aprenderás a tomar decisiones informadas que no solo aumenten tus ingresos, sino que también te permitan mantener una buena salud financiera para el crecimiento futuro. Seremos explícitos en cuanto a la necesidad de mantener un equilibrio entre una atención excelente y una gestión financiera adecuada para asegurar la rentabilidad a largo plazo.

4. Crear una Estrategia de Marketing Eficaz

Un consultorio dental exitoso necesita una estrategia de marketing sólida que atraiga a nuevos pacientes y fidelice a los actuales. A lo largo de este manual, exploraremos diversas tácticas de marketing digital y tradicional que puedes utilizar para hacer crecer tu base de pacientes. Desde la presencia en redes sociales, hasta la gestión de tu página web y el uso de reseñas de pacientes satisfechos, aprenderás cómo posicionar tu consultorio como una marca confiable y accesible. También profundizaremos en técnicas de marketing de referencia y fidelización para asegurar que los pacientes no solo te elijan, sino que te recomienden a otros.

5. Fomentar un Liderazgo Eficaz y una Cultura de Equipo

Un consultorio dental no solo se compone de un dentista. En realidad, es un equipo de trabajo que depende de una buena gestión y un liderazgo efectivo. Uno de los objetivos de este manual es enseñarte cómo ser un líder en tu consultorio, motivando a tu equipo, delegando tareas adecuadamente y creando un ambiente de trabajo colaborativo. Aprenderás a gestionar y formar a tu equipo de trabajo, establecer roles claros y fomentar una cultura de excelencia y servicio que se refleje en la atención al paciente. El liderazgo efectivo es esencial para el éxito a largo plazo de cualquier negocio, y un consultorio dental no es la excepción.

6. Adaptarse a la Innovación y el Cambio

La odontología, al igual que otros campos, está en constante evolución. Desde avances tecnológicos hasta cambios en las expectativas de los pacientes, es crucial estar preparado para adaptarse a las nuevas tendencias y desafíos del mercado. Este manual tiene como objetivo enseñarte cómo implementar la innovación en tu consultorio para mantenerte competitivo, ya sea mediante la adopción de nuevas tecnologías, la actualización de tus conocimientos o la mejora continua de tus servicios. Te guiaremos sobre cómo incorporar estas innovaciones sin perder el enfoque en la rentabilidad y la eficiencia operativa.

7. Crear una Experiencia de Paciente Excepcional

El consultorio dental debe ser un lugar donde el paciente no solo reciba un tratamiento de calidad, sino que también se sienta valorado y bien atendido. Uno de los objetivos de este manual es mostrarte cómo crear una experiencia de paciente excepcional que no solo aumente la satisfacción, sino que también fomente la fidelización y las referencias. Aprenderás cómo mejorar la atención al cliente, gestionar las expectativas de los pacientes y crear un ambiente acogedor y profesional que los motive a regresar y recomendar tu consultorio a otros.

8. Desarrollar una Visión de Crecimiento a Largo Plazo

La sostenibilidad y el crecimiento a largo plazo son aspectos fundamentales de cualquier empresa. Un consultorio dental exitoso no solo debe ser rentable en el corto plazo, sino que debe tener una visión de futuro que le permita expandirse y adaptarse a nuevas demandas. Este manual te enseñará cómo establecer metas a largo plazo, planificar la expansión de tu consultorio y tomar decisiones que te permitan crecer de manera sostenible. Aprenderás a gestionar los recursos de manera que tu consultorio no solo sea rentable, sino también capaz de adaptarse a los cambios en el mercado dental y en las expectativas de los pacientes.

9. Cumplir con las Normativas y Regulaciones

Un consultorio dental, al igual que cualquier otra empresa, está sujeto a normativas y regulaciones que deben cumplirse para operar de manera legal y ética. Este manual no solo aborda los aspectos administrativos y financieros, sino que también dedica atención a los aspectos legales y normativos que todo dentista debe conocer y cumplir. Desde la gestión de licencias y permisos hasta el manejo adecuado de la información del paciente, aprenderás cómo cumplir con las normativas del sector dental en México y garantizar que tu práctica esté alineada con las leyes y regulaciones vigentes.

10. Proporcionar Herramientas Prácticas y Accesibles

Finalmente, uno de los objetivos de este manual es ofrecerte herramientas prácticas y fáciles de aplicar en tu día a día. No se trata de ofrecerte teoría abstracta, sino de brindarte estrategias que puedas implementar inmediatamente para mejorar la gestión de tu consultorio dental. Cada capítulo está diseñado para ser una fuente de conocimiento directo, con ejemplos, consejos prácticos y casos reales que te ayudarán a aplicar lo aprendido de manera efectiva. Desde la creación de un presupuesto anual hasta la optimización de tus procesos operativos, este manual está lleno de herramientas útiles para facilitar la gestión empresarial de tu consultorio.

I

Fundamentos de la Gestión Empresarial para Dentistas

1.1 Visión empresarial en la odontología: Cómo cambiar la mentalidad de "solo profesional médico" a "líder de una empresa"

Cuando un dentista decide abrir su propia consulta o formar parte de una clínica, generalmente lo hace motivado por su pasión por la odontología y el deseo de ofrecer un excelente servicio de salud a sus pacientes. Sin embargo, una vez que se enfrenta a la realidad de gestionar un consultorio, pronto se da cuenta de que ser dueño de una práctica dental implica mucho más que aplicar tratamientos y realizar procedimientos.

La odontología, al igual que cualquier otra profesión, es también una actividad empresarial, y como tal, requiere de una gestión estratégica, habilidades administrativas y una mentalidad orientada a la toma de decisiones empresariales. Es común que muchos dentistas, al comenzar su carrera, se enfoquen principalmente en los aspectos técnicos de la odontología, relegando la gestión administrativa y empresarial a un segundo plano. Esta es una de las razones principales por las que muchos consultorios fracasan: la falta de visión empresarial.

En esta sección, nos centraremos en cómo puedes cambiar tu mentalidad de "solo profesional médico" a "líder de una empresa", para que puedas gestionar tu consultorio de manera exitosa, sostenible y rentable.

La mentalidad empresarial: Un cambio de enfoque esencial

El primer paso para gestionar tu consultorio de manera eficiente es entender que tu práctica dental no es solo un lugar donde se realizan procedimientos, sino una empresa que debe generar ingresos, manejar gastos, optimizar recursos y crecer a lo largo del tiempo. Este cambio de mentalidad es crucial, y la buena noticia es que puede lograrse mediante una serie de pasos y ajustes en tu forma de pensar.

Una de las grandes barreras para muchos dentistas es la tensión entre el rol de proveedor de salud y el rol de empresario. Durante años, los dentistas han sido educados para enfocarse exclusivamente en la parte clínica: diagnósticos, tratamientos, tecnología dental, etc. Sin embargo, en el contexto de un consultorio, la odontología debe verse como un servicio de salud y un negocio al mismo tiempo.

Si bien es cierto que la atención al paciente debe ser siempre la prioridad, es igualmente cierto que un consultorio dental debe generar ingresos de manera constante, para poder mantenerse en funcionamiento y prosperar. Como líder de tu propio consultorio, necesitas una visión empresarial que te permita administrar los aspectos operativos y estratégicos de tu práctica, al mismo tiempo que sigues brindando una atención excepcional.

Cómo desarrollar una mentalidad empresarial

Desarrollar una mentalidad empresarial en la odontología requiere un enfoque multidimensional. A continuación, te presentamos algunos de los elementos clave que debes incorporar en tu forma de pensar para lograr este cambio de mentalidad:

1. **Enfócate en la rentabilidad y la sostenibilidad**: Como dentista, estás acostumbrado a medir el éxito en términos de la salud de tus pacientes y la efectividad de tus tratamientos. Sin embargo, para que tu consultorio sea exitoso, también debes medir el éxito en términos de rentabilidad y sostenibilidad. Esto implica ser consciente de los ingresos y egresos, controlar los costos, optimizar los recursos y tomar decisiones que favorezcan el crecimiento a largo plazo.

2. **Gestiona tu tiempo y recursos de manera eficiente**: Ser dentista no significa solo trabajar dentro de la consulta, sino también fuera de ella. La administración de tu consultorio exige que dividas tu tiempo entre la atención al paciente, las tareas administrativas, el marketing, la capacitación y el manejo de tu equipo. Aquí entra en juego la capacidad de gestionar el tiempo y los recursos de manera eficiente, sin perder el enfoque en la calidad de la atención dental. La organización es clave.

3. **Adopta una visión de crecimiento**: En lugar de ver tu consultorio como un negocio estático, debes adoptarlo como una empresa que está en constante evolución. Esto significa pensar en cómo hacer crecer tu práctica, cómo incorporar nuevas tecnologías, cómo ampliar los servicios que ofreces y cómo mantener la calidad mientras escalas. La visión empresarial implica proyectar el futuro de tu consultorio y actuar en consecuencia.

4. **Aprende a delegar y construir un equipo sólido**: Un aspecto fundamental de ser un líder empresarial es saber cuándo delegar tareas y confiar en tu equipo. Un consultorio dental no puede funcionar correctamente si intentas hacer todo por ti mismo. Debes construir un equipo de trabajo eficiente y delegar tareas administrativas, de gestión de pacientes, e incluso algunas tareas clínicas, si es necesario. Delegar no es solo una forma de aliviar tu carga de trabajo, sino una forma de empoderar a tu equipo, permitir su crecimiento y mejorar la calidad del servicio.

5. **Toma decisiones basadas en datos**: Como líder de tu consultorio, debes tomar decisiones informadas. Esto requiere que recopiles y analices datos clave sobre las finanzas, el rendimiento de tu equipo, la satisfacción de los pacientes, el uso de recursos y las tendencias del mercado. Las decisiones basadas en datos permiten que tu práctica funcione de manera más eficiente, con menor margen de error y mejor rentabilidad.

6. **Cultura empresarial enfocada en el paciente**: Aunque tu consultorio debe ser gestionado como un negocio, esto no significa que debas perder de vista la calidad del servicio que brindas a tus pacientes. De hecho, una mentalidad empresarial efectiva promueve una cultura empresarial centrada en el paciente, donde la atención de calidad se

combina con la eficiencia operativa y una gestión inteligente. El éxito de tu consultorio dependerá de tu capacidad para equilibrar ambos aspectos: ser un excelente proveedor de servicios de salud y un competente líder de negocios.

La importancia del liderazgo en la odontología

El liderazgo es uno de los pilares fundamentales de la gestión empresarial en cualquier área, y la odontología no es la excepción. Para ser un verdadero líder en tu consultorio, no basta con tener conocimientos técnicos en odontología; también debes ser capaz de liderar a tu equipo, motivar a tus colaboradores y tomar decisiones estratégicas que favorezcan el crecimiento de tu práctica.

Un líder empresarial en odontología es alguien que no solo se encarga de gestionar los aspectos financieros y operativos de la clínica, sino que también es capaz de inspirar y guiar a su equipo de trabajo. Ser un líder significa establecer una visión clara para tu consultorio, comunicar esa visión de manera efectiva, y crear un ambiente de trabajo donde tu equipo se sienta valorado, motivado y comprometido.

Estrategias para hacer el cambio de mentalidad

Para hacer la transición de "solo profesional médico" a "líder de una empresa", es necesario implementar ciertas estrategias que te permitan cambiar tu forma de pensar y gestionar tu consultorio de manera efectiva. Aquí te presentamos algunas de las principales estrategias:

1. **Educación continua en gestión empresarial**: Al igual que actualizas tus conocimientos técnicos en odontología, es fundamental que también te eduques en áreas clave de la

gestión empresarial, como finanzas, marketing, recursos humanos y liderazgo. Cursos, seminarios y libros sobre gestión empresarial te ayudarán a desarrollar las habilidades necesarias para administrar tu consultorio de manera exitosa.

2. **Establece metas claras y medibles**: Al igual que en cualquier empresa, es importante que establezcas metas claras y medibles para tu consultorio. Estas metas pueden estar relacionadas con la rentabilidad, la satisfacción del paciente, el crecimiento de la base de pacientes, o la eficiencia operativa. Una vez que establezcas estas metas, asegúrate de hacer un seguimiento regular para asegurarte de que estás en el camino correcto.

3. **Construye una red de apoyo empresarial**: Rodearte de otros profesionales que también estén interesados en el lado empresarial de la odontología es una excelente forma de fortalecer tu mentalidad empresarial. Conectar con otros dentistas que hayan logrado éxito en la gestión de sus consultorios te permitirá aprender de sus experiencias, compartir consejos y obtener apoyo para implementar nuevas estrategias.

4. **Involucra a tu equipo en la visión empresarial**: No basta con que tú como dentista tengas una mentalidad empresarial; tu equipo también debe entender la importancia de trabajar como parte de una empresa. Involucrar a tu personal en la visión de crecimiento y éxito del consultorio crea un ambiente de trabajo más comprometido y orientado a resultados. Además, esto favorece la fidelización tanto de pacientes como de empleados.

Adoptar una visión empresarial en la odontología es esencial para transformar tu consultorio en un negocio exitoso, rentable y sostenible. Al cambiar tu mentalidad de "solo profesional médico" a "líder de una empresa", estarás mejor preparado para enfrentar los desafíos de la gestión empresarial y aprovechar las oportunidades de crecimiento que se presenten.

Este cambio no es solo una necesidad para la supervivencia del consultorio, sino también una oportunidad para hacer crecer tu práctica, mejorar la calidad del servicio y aumentar tu satisfacción profesional y personal.

Al integrar los fundamentos de la gestión empresarial en tu trabajo diario, podrás gestionar tu consultorio de manera más eficiente, asegurando tanto el bienestar de tus pacientes como el éxito de tu negocio.

1.2 Planificación Estratégica: Cómo Establecer Metas y Objetivos a Corto, Mediano y Largo Plazo para el Consultorio

La planificación estratégica es una de las claves para gestionar un consultorio dental de manera exitosa y asegurarte de que tu práctica no solo se mantenga en funcionamiento, sino que también crezca y se desarrolle de forma sostenible. Para lograr esto, es necesario establecer metas claras y alcanzables que guíen a tu consultorio hacia su visión y misión a lo largo del tiempo.
Al igual que cualquier empresa, un consultorio dental necesita una hoja de ruta que defina el rumbo hacia el éxito. Sin una planificación adecuada, es fácil perderse en la rutina diaria y olvidarse de los objetivos a largo plazo.

Establecer metas a corto, mediano y largo plazo es esencial para poder medir el progreso, realizar ajustes cuando sea necesario y asegurarte de que tu consultorio evoluciona de acuerdo con tu visión.

En esta sección, abordaremos cómo establecer estos objetivos y cómo la planificación estratégica puede ayudarte a guiar tu práctica dental hacia el éxito.

¿Qué es la planificación estratégica?

La planificación estratégica es el proceso mediante el cual se definen los objetivos que un consultorio debe alcanzar en un período determinado, y se establecen los planes de acción necesarios para lograrlos. Este proceso no solo se enfoca en los aspectos financieros, sino también en la optimización de la atención al paciente, el desarrollo del equipo, la adopción de nuevas tecnologías, la expansión de los servicios y la mejora continua.

Una planificación estratégica bien estructurada permite a los dentistas gestionar su consultorio de manera proactiva, tomando decisiones informadas y con visión de futuro. Este proceso también facilita la identificación de oportunidades de crecimiento, la evaluación de posibles riesgos y la mejora en la eficiencia operativa.

Los beneficios de la planificación estratégica para tu consultorio dental

1. **Claridad en el propósito y objetivos**: Tener metas claras te ayuda a mantener el enfoque y la motivación para alcanzar tus objetivos. Evitarás distracciones y podrás tomar decisiones más informadas.

2. **Mejora en la toma de decisiones**: Al tener una visión a largo plazo, podrás tomar decisiones estratégicas que alineen tu práctica con los objetivos definidos y asegurarte de que cada acción contribuya al crecimiento y éxito del consultorio.

3. **Mayor eficiencia y optimización de recursos**: La planificación permite identificar las áreas que requieren más atención y aquellos recursos que deben ser mejor utilizados, lo cual te permitirá optimizar los costos y mejorar la rentabilidad.

4. **Adaptación al cambio**: Una planificación estratégica te permite evaluar el entorno, identificar tendencias emergentes en la odontología y adaptarte a ellas de manera efectiva. También te ayudará a gestionar los posibles cambios que puedan surgir, como variaciones en la demanda de servicios o en la legislación.

Cómo establecer metas a corto, mediano y largo plazo

Establecer metas a diferentes plazos permite gestionar el consultorio de manera organizada y facilitar el progreso de manera escalonada. A continuación, analizaremos cada una de estas categorías y cómo pueden ser aplicadas al entorno de un consultorio dental.

Metas a corto plazo (0-6 meses)

Las metas a corto plazo son aquellas que puedes alcanzar en un plazo de tiempo relativamente breve, generalmente de 0 a 6 meses. Estas metas deben ser específicas, medibles y alcanzables, con resultados inmediatos que contribuyan a la mejora general de tu consultorio. Las metas a corto plazo te permiten mantener la motivación alta y asegurar que tu consultorio esté operando de manera eficiente desde el inicio.

Ejemplos de metas a corto plazo:

1. **Optimizar la agenda de citas**: Reducir el tiempo de espera para los pacientes, implementando un sistema de gestión de citas más eficiente (por ejemplo, mediante software de programación).

2. **Capacitar al equipo en servicio al cliente**: Organizar una capacitación sobre cómo mejorar la atención al paciente, gestionando mejor las consultas, aclarando dudas y mejorando la experiencia en el consultorio.

3. **Reducir los costos operativos**: Implementar medidas para reducir costos, como la optimización del inventario de materiales dentales o la revisión de proveedores para obtener mejores precios sin comprometer la calidad.

4. **Aumentar el número de pacientes nuevos**: Utilizar tácticas de marketing, como campañas en redes sociales, para atraer nuevos pacientes. Establecer un objetivo claro, como aumentar la cantidad de pacientes nuevos en un 10% durante los próximos 3 meses.

5. **Implementar un sistema de seguimiento de pacientes**: Crear un sistema para recordar a los pacientes cuando deben regresar para controles o revisiones, lo que mejorará la fidelidad y la tasa de retención.

Metas a mediano plazo (6 meses a 2 años)

Las metas a mediano plazo son aquellas que se logran en un período de 6 meses a 2 años. Estas metas deben alinearse con los objetivos a largo plazo de tu consultorio y ser lo suficientemente complejas como para representar un reto, pero alcanzables en un plazo intermedio. Las metas a mediano plazo a menudo se refieren a la expansión de tus capacidades, la mejora continua y la consolidación de los procesos en tu consultorio.

Ejemplos de metas a mediano plazo:

1. **Expandir los servicios ofrecidos**: Incorporar nuevos tratamientos o servicios que mejoren la oferta de tu consultorio, como ortodoncia, implantología o estética dental avanzada.

2. **Incrementar la facturación anual**: Establecer un objetivo de crecimiento de la facturación en un porcentaje específico (por ejemplo, un 15%) al finalizar los próximos 12 meses, mediante un aumento en el número de tratamientos realizados, servicios adicionales y captación de pacientes nuevos.

3. **Mejorar la eficiencia operativa**: Implementar procesos internos más eficientes, como la digitalización de expedientes médicos, la mejora en la gestión de inventarios y la optimización de los flujos de trabajo del personal.

4. **Desarrollar un programa de fidelización de pacientes**: Crear un programa de referidos o beneficios para pacientes recurrentes, incentivando que los pacientes recomienden a tu consultorio a otras personas.

5. **Fortalecer el liderazgo y la formación del equipo**: Ofrecer formación continua a tu personal en áreas como gestión de conflictos, atención al paciente y nuevas tecnologías dentales, asegurándote de que el equipo se mantenga actualizado y motivado.

Metas a largo plazo (2-5 años)

Las metas a largo plazo son aquellas que guiarán el futuro de tu consultorio en los próximos 2 a 5 años. Estas metas son más ambiciosas y requieren de un enfoque estratégico de largo plazo para lograrlas. A menudo, se enfocan en el crecimiento y la expansión, la diversificación de los servicios, o la consolidación de una marca reconocida en el mercado.

Ejemplos de metas a largo plazo:

1. **Expandir el consultorio o abrir una nueva sede**: Si tu consultorio ha alcanzado una estabilidad financiera y una base de pacientes sólida, una meta a largo plazo podría ser abrir una nueva ubicación o aumentar el tamaño de tu consultorio actual para atender a más pacientes.

2. **Convertirse en un referente en tu comunidad**: Establecer tu consultorio como una clínica dental de confianza y prestigio en tu comunidad, a través de la construcción de una reputación sólida, el desarrollo de alianzas estratégicas con otros profesionales de la salud y el establecimiento de un nombre reconocido.
3. **Implementar la tecnología de punta**: Adoptar las últimas tecnologías en diagnóstico y tratamiento dental, como la ortodoncia invisible, la cirugía asistida por láser o la

odontología digital, para mejorar la precisión y la experiencia del paciente.

4. **Incrementar la capacidad de producción y número de pacientes**: Establecer un plan para aumentar la capacidad de atención, incluyendo la contratación de más personal, la ampliación de horarios de atención o la implementación de servicios adicionales que atraigan a más pacientes.

5. **Establecer un sistema de gestión de calidad**: Desarrollar e implementar un sistema integral de gestión de calidad que garantice una atención continua, la satisfacción del paciente y el cumplimiento de todas las normativas y estándares del sector.

Cómo lograr estas metas:

Para lograr estas metas, es crucial que realices una evaluación constante del progreso y ajustes tu enfoque según sea necesario. Aquí te damos algunos consejos clave:

1. **Medición y seguimiento**: Define indicadores clave de rendimiento (KPI) que te permitan medir el progreso de cada meta, tanto a corto, mediano como largo plazo. Esto puede incluir métricas como la cantidad de pacientes nuevos, la facturación mensual, la satisfacción del paciente o la eficiencia operativa.

2. **Plan de acción detallado**: Cada meta debe tener un plan de acción claro con pasos específicos, recursos necesarios, tiempos y responsables. Esto te permitirá avanzar de manera ordenada y evitar desviaciones.

3. **Revisión periódica**: Realiza una revisión periódica de tus objetivos, al menos una vez cada trimestre, para asegurarte de que vas en la dirección correcta. Si alguna meta no está alcanzándose, ajusta las estrategias o incluso replantea las prioridades.

4. **Adaptabilidad**: Las condiciones del mercado pueden cambiar, y también pueden surgir nuevas oportunidades o desafíos. Estar dispuesto a adaptarte a esos cambios y revisar tus metas cuando sea necesario es parte esencial del éxito empresarial.

En conclusión, la planificación estratégica es un proceso fundamental para gestionar tu consultorio dental de manera exitosa. Establecer metas a corto, mediano y largo plazo te permitirá dirigir tu práctica de manera efectiva, con un enfoque claro y con los recursos necesarios para lograr el éxito sostenido. Al organizar tu trabajo en torno a metas concretas y alcanzables, podrás medir el progreso, ajustar tu estrategia cuando sea necesario y alcanzar tus objetivos de crecimiento de manera efectiva.

1.3 Aspectos clave de la administración: Eficiencia en la toma de decisiones, control de calidad y mejora continua

La administración efectiva de un consultorio dental no solo se limita a la ejecución de tareas clínicas, sino que también involucra una serie de procesos administrativos que garantizan que el consultorio funcione de manera eficiente y ofrezca un servicio de calidad a los pacientes. Entre los aspectos clave de la administración se encuentran la eficiencia en la toma de decisiones, el control de calidad y la mejora continua.

Estos tres elementos son fundamentales para mantener un consultorio dental competitivo, rentable y capaz de brindar una atención excelente. A continuación, profundizamos en cada uno de ellos y cómo puedes implementarlos de manera efectiva en tu práctica.

1. Eficiencia en la toma de decisiones

La toma de decisiones es un componente crucial en la gestión de cualquier consultorio dental, ya que las decisiones incorrectas o mal fundamentadas pueden afectar la calidad del servicio, la rentabilidad y la satisfacción del paciente. Para ser un líder empresarial en la odontología, es esencial desarrollar un enfoque eficiente para tomar decisiones.

¿Qué implica la toma de decisiones eficiente en un consultorio dental?

1. **Decisiones informadas**: La toma de decisiones eficiente se basa en información precisa y actualizada. Esto significa que necesitas tener acceso a datos sobre las finanzas, el rendimiento de tu equipo, la satisfacción del paciente y las tendencias del mercado. Por ejemplo, si estás considerando invertir en una nueva tecnología, debes analizar si los beneficios a largo plazo superan los costos iniciales.

2. **Priorización de decisiones**: No todas las decisiones tienen la misma importancia ni el mismo impacto en tu práctica. Es esencial priorizar aquellas que tienen un impacto inmediato en la operación del consultorio o en la experiencia del paciente. Por ejemplo, resolver problemas urgentes de equipos o insumos defectuosos debe tener prioridad sobre la introducción de nuevas estrategias de marketing.

3. **Delegación adecuada**: Como líder de un consultorio, no debes tomar todas las decisiones por ti mismo. Un aspecto fundamental de la eficiencia en la toma de decisiones es delegar aquellas que pueden ser manejadas por otros miembros de tu equipo. Esto no solo te libera de cargas innecesarias, sino que también fomenta el desarrollo y la autonomía de tus empleados.

4. **Uso de tecnología**: Implementar herramientas digitales, como sistemas de gestión de consultorios o software de análisis de datos, te permite tener un acceso rápido a información clave que facilita la toma de decisiones. Estas herramientas también permiten automatizar ciertos procesos, como la gestión de citas, lo cual reduce la carga administrativa y mejora la eficiencia.

Consejos para una toma de decisiones eficiente:

- Establece un proceso claro para la toma de decisiones, que considere la evaluación de riesgos, el análisis de datos y la consulta con los miembros clave de tu equipo.
- Fomenta una cultura de toma de decisiones colaborativa, donde las decisiones importantes se tomen en equipo, especialmente aquellas que afectan el funcionamiento general del consultorio.
- Haz uso de la tecnología para facilitar la recolección y el análisis de datos relevantes.
- Revisa regularmente las decisiones tomadas para asegurarte de que se alineen con los objetivos a largo plazo del consultorio.

2. Control de calidad

El control de calidad es un componente vital para garantizar que los pacientes reciban atención dental de la más alta calidad. No solo se refiere a los tratamientos y procedimientos realizados, sino también a todos los aspectos que afectan la experiencia general del paciente en tu consultorio.

Un buen control de calidad tiene un impacto directo en la satisfacción del paciente y en la reputación del consultorio. Un control de calidad bien implementado también ayuda a reducir errores, prevenir problemas y optimizar los recursos.

Aspectos clave del control de calidad en un consultorio dental:

1. **Establecimiento de estándares de calidad**: El primer paso para un control de calidad efectivo es definir claramente los estándares de calidad que se deben cumplir en cada área del consultorio. Esto incluye la calidad de los tratamientos, la atención al paciente, la limpieza y el ambiente de la clínica. Estos estándares deben ser medibles y estar alineados con las mejores prácticas de la odontología.

2. **Evaluación y monitoreo**: Para garantizar que se cumplan los estándares de calidad, es importante establecer mecanismos de evaluación continua. Puedes realizar auditorías internas periódicas, encuestas de satisfacción del paciente, y reuniones de retroalimentación con el equipo de trabajo. Estos mecanismos te permitirán identificar áreas de mejora y asegurarte de que todos los procedimientos se realizan correctamente.

3. **Capacitación continua**: El control de calidad también implica la formación continua de tu equipo en las mejores prácticas y protocolos de atención. La capacitación no solo debe enfocarse en aspectos técnicos, sino también en el trato al paciente, la empatía, y el manejo de situaciones difíciles. Un equipo bien capacitado está mejor preparado para cumplir con los estándares de calidad establecidos.

4. **Gestión de la seguridad del paciente**: Asegúrate de que todos los procesos y procedimientos cumplan con los más altos estándares de seguridad para tus pacientes. Esto incluye la correcta esterilización de los instrumentos, la gestión adecuada de la historia clínica, y el cumplimiento de las normativas locales e internacionales en cuanto a seguridad y salud.

Consejos para implementar un buen control de calidad:

- Realiza auditorías internas con regularidad para evaluar los procesos y el desempeño del equipo.
- Usa herramientas tecnológicas para realizar un seguimiento de la calidad de los procedimientos y la satisfacción del paciente.
- Fomenta una cultura organizacional donde la calidad sea responsabilidad de todos, desde los asistentes hasta los odontólogos.
- Mantén una comunicación abierta y transparente con los pacientes, para que puedan expresar sus inquietudes y comentarios sobre los servicios recibidos.

3. Mejora continua

La mejora continua es un enfoque filosófico y estratégico que busca la perfección a través de pequeños, pero constantes, ajustes y mejoras. Este concepto es esencial para cualquier negocio que desee seguir siendo competitivo y mantenerse relevante a largo plazo. En el contexto de un consultorio dental, la mejora continua se aplica a todos los aspectos, desde los procedimientos clínicos hasta la administración y la atención al paciente.

¿Cómo implementar la mejora continua en un consultorio dental?

1. **Evaluación constante del desempeño**: La mejora continua comienza con la evaluación constante de los procesos en tu consultorio. Esto incluye revisar regularmente las áreas que pueden mejorar, como la eficiencia operativa, la satisfacción del paciente, y la gestión de recursos. Cada área del consultorio debe ser evaluada para encontrar posibles puntos de mejora.

2. **Recopilación de feedback**: Uno de los métodos más efectivos para la mejora continua es recoger opiniones tanto de los pacientes como de tu equipo de trabajo. Las encuestas de satisfacción de los pacientes, las entrevistas con el personal y la observación directa son herramientas poderosas para identificar oportunidades de mejora.

3. **Innovación y adaptación**: La mejora continua no se trata solo de perfeccionar lo que ya se hace, sino también de innovar. Explora nuevas tecnologías, técnicas y tendencias que puedan mejorar los servicios de tu consultorio. Mantente actualizado sobre los avances en la odontología y adapta tus servicios a las nuevas necesidades y demandas de los pacientes.

4. **Implementación de cambios graduales**: La mejora continua debe basarse en cambios graduales y sostenibles.

Introduce mejoras pequeñas pero significativas, como la optimización del flujo de trabajo, la implementación de nuevas técnicas de tratamiento o el ajuste de los horarios de atención. Estos cambios pueden tener un impacto positivo a largo plazo.

Consejos para una mejora continua efectiva:

- Establece una rutina de revisión periódica de los procesos operativos, los procedimientos clínicos y la calidad del servicio.
- Fomenta la retroalimentación constante de los pacientes y de tu equipo.
- Promueve una cultura de innovación donde todos los miembros del equipo se sientan motivados a proponer ideas para mejorar la atención o los procesos del consultorio.
- Evalúa los resultados de las mejoras implementadas y realiza ajustes si es necesario.

La administración de un consultorio dental exitoso no solo depende de habilidades técnicas en odontología, sino también de una sólida capacidad de gestión. La eficiencia en la toma de decisiones, el control de calidad y la mejora continua son elementos clave que permitirán que tu consultorio funcione de manera óptima y ofrezca un excelente servicio a los pacientes.

Implementar estas prácticas en tu día a día no solo mejora la experiencia del paciente, sino que también incrementa la rentabilidad, la sostenibilidad y el crecimiento de tu consultorio a largo plazo. Una buena administración es el puente entre un excelente servicio dental y un negocio exitoso, y estos aspectos clave son los cimientos para lograrlo.

II

Gestión Financiera del Consultorio: Control de Ingresos y Gastos

La gestión financiera es uno de los pilares fundamentales de cualquier consultorio dental exitoso. Un consultorio, al igual que cualquier otra empresa, debe ser gestionado de manera eficiente desde el punto de vista financiero para garantizar su sostenibilidad a largo plazo. La rentabilidad, la eficiencia operativa y el crecimiento dependen en gran medida de una adecuada gestión de ingresos y gastos.

El control adecuado de flujos de efectivo, la correcta asignación de los costos operativos (como materiales, salarios, impuestos) y la capacidad para asegurar que el consultorio se mantenga rentable son esenciales para su éxito. Si bien la calidad en la atención al paciente es crucial, un consultorio dental sin una sólida base financiera puede enfrentarse a dificultades graves que afecten tanto su operación como su capacidad para crecer.

En esta sección, profundizaremos en los aspectos clave del control de ingresos y gastos, cómo gestionar los flujos de efectivo y cómo asegurar que tu consultorio sea rentable y sostenible en el tiempo.

1. Control de Ingresos: Cómo Maximizar los Ingresos sin Sacrificar la Calidad

El control de ingresos se refiere a la gestión eficiente de las fuentes de ingresos del consultorio dental. Aunque los ingresos dependen principalmente de los servicios prestados, es importante entender cómo optimizar las ganancias y maximizar los flujos de efectivo sin sacrificar la calidad del servicio o la relación con los pacientes.

Principales fuentes de ingresos de un consultorio dental:

- **Tratamientos dentales**: Estos son los servicios clave que generan la mayor parte de los ingresos en un consultorio dental. Pueden incluir procedimientos básicos como limpiezas, extracciones, tratamientos de conductos, hasta procedimientos más complejos como ortodoncia, implantes dentales y cirugía oral.
- **Servicios adicionales**: Además de los tratamientos dentales, los ingresos pueden provenir de la venta de productos como pastas dentales especializadas, blanqueamientos dentales, radiografías, y otros servicios complementarios.
- **Consultas de emergencia**: Las consultas por urgencias dentales también representan una fuente de ingresos

adicional, y las tarifas por este tipo de atención suelen ser más altas debido a la naturaleza urgente del servicio.
Cómo optimizar los ingresos del consultorio:

1. **Aumentar la frecuencia de los pacientes**: Incrementar la cantidad de visitas por paciente, incentivando visitas regulares para chequeos y limpiezas. Mantén un sistema de recordatorio para que los pacientes regresen de manera periódica.

2. **Diversificación de servicios**: Ofrecer servicios adicionales que puedan aumentar los ingresos, como blanqueamientos dentales, ortodoncia, o estética dental. De esta forma, amplías tu oferta y generas más ingresos por paciente.

3. **Estrategias de marketing efectivas**: Desarrollar estrategias de marketing adecuadas para atraer nuevos pacientes y mantener a los actuales. Las campañas en redes sociales, las recomendaciones boca a boca y la fidelización de pacientes son vitales para mantener un flujo constante de ingresos.

4. **Cobros eficientes y claras políticas de pago**: Establece políticas de pago claras y opciones cómodas para los pacientes, como el uso de tarjetas de crédito, pago a plazos o financiación, especialmente para tratamientos costosos.

Consejos para optimizar los ingresos:

- **Realiza un seguimiento activo** de las citas, evitando cancelaciones y reprogramaciones que puedan afectar la ocupación del consultorio.
- **Implementa servicios complementarios** que incrementen el valor promedio de cada visita, como el asesoramiento

sobre cuidados dentales, y la venta de productos de higiene bucal.

- **Ofrece promociones o descuentos** para tratamientos que desees promover o en épocas de menor actividad.
- **Evalúa constantemente el mercado** para ajustar tus precios según la competencia y las condiciones del sector.

2. Control de Gastos: Cómo Gestionar los Costos Operativos Eficazmente

La gestión de los **gastos** es otro aspecto esencial en la administración financiera de un consultorio dental. Mantener los costos operativos bajo control es crucial para asegurar que el consultorio sea rentable y pueda seguir creciendo sin comprometer la calidad de los servicios.

Principales costos operativos de un consultorio dental:

- **Costos de materiales dentales**: Esto incluye los insumos utilizados en los tratamientos, como empastes, anestésicos, material para prótesis, hilos, radiografías, y otros productos desechables que se requieren para la atención.
- **Salarios del personal**: Los sueldos de dentistas, higienistas, asistentes dentales, recepcionistas y personal administrativo son una de las mayores fuentes de gasto. Estos costos deben estar bien equilibrados con los ingresos generados por el consultorio.
- **Renta y mantenimiento**: El alquiler del espacio físico donde se encuentra el consultorio, así como los costos relacionados con el mantenimiento de equipos, infraestructura y servicios como electricidad, agua y limpieza, son gastos que deben gestionarse adecuadamente.
- **Impuestos y seguros**: Los consultorios dentales deben cumplir con las leyes fiscales locales y federales, lo que implica pagar impuestos sobre ingresos y otros gastos

asociados a la actividad profesional. Además, el consultorio debe tener seguros adecuados, como responsabilidad civil y seguros para equipos.

Cómo gestionar los gastos operativos:

1. **Controlar el inventario de materiales**: Asegúrate de que no haya un exceso de materiales que se convierta en un gasto innecesario. Realiza inventarios periódicos y negocia con los proveedores para obtener mejores precios sin comprometer la calidad.

2. **Optimización de los recursos humanos**: Evalúa si el personal está bien distribuido según la carga de trabajo. El exceso de personal puede generar costos adicionales innecesarios, mientras que la falta de personal puede afectar la calidad del servicio. Considera la delegación de tareas y la contratación eficiente.

3. **Revisar y negociar los contratos de alquiler y servicios**: Si estás pagando una renta elevada o un contrato de servicios que podría mejorarse, es una buena práctica buscar alternativas que reduzcan los gastos. La renegociación de contratos, cuando sea posible, puede ayudarte a reducir los costos fijos.

4. **Automatizar procesos administrativos**: Implementar sistemas de gestión de citas, facturación, y recordatorios automáticos puede reducir significativamente el tiempo invertido en tareas administrativas y minimizar el riesgo de errores humanos.

Consejos para controlar los gastos:

- **Realiza un presupuesto mensual** que incluya todos los costos operativos y establece límites para cada área.
- **Busca proveedores competitivos** y evalúa la posibilidad de obtener descuentos por compras en grandes volúmenes o contratos a largo plazo.
- **Monitorea los costos de energía** (electricidad, agua, etc.) y realiza ajustes en la utilización de estos recursos para reducir los gastos.
- **Revisa periódicamente los sueldos y beneficios** del personal para asegurarte de que estén alineados con las normas del mercado y con la capacidad financiera del consultorio.

3. Gestión de Flujos de Efectivo: Asegurando la Rentabilidad y Sostenibilidad

Los flujos de efectivo son uno de los aspectos más críticos de la administración financiera de un consultorio dental. Un flujo de efectivo saludable significa que el consultorio tiene suficiente dinero disponible para cubrir sus costos operativos, pagar a sus empleados, invertir en crecimiento y seguir funcionando de manera sostenible.

Principales desafíos del flujo de efectivo en un consultorio dental:

- **Cobro oportuno de los pacientes**: Es importante asegurarse de que los pacientes paguen a tiempo. Los pagos atrasados pueden afectar gravemente el flujo de efectivo y la capacidad de operar eficientemente.
- **Costos variables e impredecibles**: Los consultorios dentales pueden enfrentarse a gastos inesperados, como reparaciones de equipos, compras de materiales o

tratamientos de emergencia. Es esencial tener un fondo de reserva para estos casos.

Cómo gestionar los flujos de efectivo:

1. **Monitoreo de ingresos y egresos**: Mantén un control detallado de los ingresos y gastos mediante un sistema de contabilidad efectivo. Esto te permitirá ver en tiempo real si hay algún desfase entre lo que entra y lo que sale.

2. **Establecer políticas de pago claras**: Asegúrate de que todos los pacientes comprendan las políticas de pago y establezcan compromisos claros, ya sea al momento de la consulta o mediante planes de pago a plazos.

3. **Fondo de emergencia**: Es recomendable establecer un fondo de emergencia que te permita cubrir imprevistos sin afectar el funcionamiento del consultorio. Este fondo puede ser utilizado en momentos de flujo de efectivo bajo o en situaciones excepcionales.

4. **Evaluación periódica de precios y costos**: Revisa y ajusta regularmente los precios de tus servicios para que estén alineados con los costos operativos y las expectativas del mercado.

Consejos para asegurar un flujo de efectivo saludable:

- **Realiza un análisis mensual** de tu flujo de efectivo para identificar posibles problemas y áreas que necesiten ajustes.
- **Implementa un sistema de cobro efectivo** y establece plazos de pago para evitar retrasos en el cobro.
- **Diversifica tus fuentes de ingresos** para reducir el riesgo de depender de una única fuente de pago.

La gestión financiera adecuada es esencial para el éxito y la longevidad de un consultorio dental. Controlar los ingresos y los gastos, gestionar los flujos de efectivo y asegurar la rentabilidad no solo te permitirá mantener un negocio estable, sino que también facilitará la capacidad para crecer y expandir tus servicios a medida que lo necesites.

Una administración financiera sólida, basada en la planificación y la eficiencia, te permitirá enfocarte en lo más importante: proporcionar una atención de calidad a tus pacientes, mientras construyes un consultorio rentable y sostenible.

2.1 Presupuesto y Planificación Financiera: Estrategias para Crear un Presupuesto Anual y Planificar para el Crecimiento

La planificación financiera y la elaboración de un presupuesto sólido son herramientas esenciales para asegurar la estabilidad financiera de un consultorio dental. Un presupuesto bien estructurado no solo permite gestionar los ingresos y gastos del consultorio de manera eficiente, sino que también proporciona una guía clara para alcanzar los objetivos a largo plazo y asegurar el crecimiento sostenido del negocio.

La planificación financiera no se trata únicamente de controlar los costos, sino de **anticipar el futuro** y tomar decisiones informadas sobre cómo expandir la práctica, invertir en nuevas tecnologías, capacitar al equipo, y ofrecer nuevos servicios sin comprometer la rentabilidad.

En esta sección, profundizaremos en cómo crear un presupuesto anual y cómo planificar las finanzas del consultorio dental para asegurar su crecimiento en el futuro.

1. Importancia del presupuesto anual

El **presupuesto anual** es una herramienta clave en la gestión financiera de cualquier negocio. Para un consultorio dental, el presupuesto ayuda a prever los ingresos y gastos anuales, identificar posibles brechas de flujo de efectivo, y definir las prioridades de gasto e inversión.

¿Por qué es importante un presupuesto anual?

1. **Visibilidad financiera**: Un presupuesto permite conocer con anticipación cómo se distribuirán los ingresos y los gastos durante el año. Esto da una visión clara de la rentabilidad y la capacidad de inversión.

2. **Control de costos**: Establecer un presupuesto ayuda a identificar los costos operativos y permite fijar límites para evitar gastos innecesarios. Además, permite revisar de manera continua si los gastos están alineados con las proyecciones.

3. **Planificación para el crecimiento**: El presupuesto te permite planificar el crecimiento, ya sea a través de la expansión de servicios, la incorporación de nuevas tecnologías o el aumento de personal. Tener un presupuesto bien estructurado te da la flexibilidad necesaria para hacer estos ajustes.

Elementos clave de un presupuesto anual para un consultorio dental:

1. **Estimación de ingresos**: Esta parte del presupuesto se basa en la cantidad de pacientes que se espera atender, los tipos de servicios que se ofrecerán y las tarifas correspondientes. Para estimar los ingresos, es importante analizar la demanda de servicios (consultas de rutina, emergencias, tratamientos estéticos, etc.) y realizar un pronóstico realista basado en el desempeño pasado.

2. **Gastos operativos**: Incluye los costos que no se pueden evitar, como el alquiler, los salarios del personal, el costo de materiales y suministros dentales, los seguros, los impuestos y los gastos administrativos. Aquí también se deben considerar los costos para el mantenimiento de los equipos y las actualizaciones de software.

3. **Inversiones**: En un presupuesto anual también debe planearse la parte de **inversiones** para el futuro. Esto puede incluir la compra de nuevos equipos, la expansión de la clínica, la formación continua del personal, o el marketing y la publicidad para atraer más pacientes.

4. **Fondo de emergencia**: Es esencial tener una partida destinada a emergencias imprevistas, como la reparación de equipos o la pérdida de ingresos debido a eventos inesperados. Este fondo debe ser suficiente para cubrir de tres a seis meses de gastos operativos.

Pasos para crear un presupuesto anual:

1. **Revisa los ingresos pasados**: Analiza los ingresos de años anteriores para prever cuánto podrías generar durante el

año. Identifica cualquier tendencia o temporada alta/baja que pueda afectar los ingresos.

2. **Proyecta los costos**: Detalla todos los gastos operativos fijos y variables. Prevé aumentos en los costos, como salarios, precios de insumos o aumentos de renta.
3. **Define las metas financieras**: Establece objetivos claros de ingresos y ganancias. ¿Cuánto esperas crecer este año? ¿Qué nuevos servicios o equipos planeas introducir? ¿Cuál es tu margen de beneficio objetivo?

4. **Monitorea el rendimiento**: Asegúrate de revisar el presupuesto regularmente para ver si te estás alineando con las proyecciones. Si los ingresos o los gastos varían, ajusta tus estrategias y busca maneras de equilibrar el presupuesto.

2. Estrategias para planificar el crecimiento

La planificación para el crecimiento de un consultorio dental es una extensión de la creación del presupuesto anual. Implica no solo prever los ingresos y los gastos, sino también asegurarse de que el consultorio esté bien posicionado para expandir sus operaciones y ofrecer nuevos servicios.

Aspectos clave de la planificación financiera para el crecimiento:

1. **Identificación de oportunidades de expansión**: Para planificar el crecimiento, es fundamental identificar áreas con potencial de expansión. Esto puede incluir la expansión de la oferta de servicios (por ejemplo, incorporar ortodoncia, implantes dentales, estética dental), abrir nuevas ubicaciones o ampliar la capacidad operativa (contratar más personal o adquirir más equipos).

2. **Inversión en tecnología**: La tecnología juega un papel crucial en la odontología moderna. Invertir en equipos más avanzados, software de gestión de pacientes o herramientas digitales puede mejorar la eficiencia operativa, optimizar la atención al paciente y permitirte ofrecer nuevos servicios.

3. **Incremento en la calidad del servicio**: A medida que tu consultorio crece, también lo hace la competencia. Asegúrate de que tu consultorio no solo se expanda en términos de volumen de pacientes, sino que también se mantenga a la vanguardia en cuanto a la calidad del servicio. La capacitación continua para ti y tu equipo es esencial, así como la implementación de prácticas de mejora continua en todos los aspectos de la atención al paciente.

4. **Estrategias de marketing**: A medida que tu consultorio crece, necesitas nuevas estrategias para atraer pacientes y mantener la lealtad de los actuales. El marketing digital, como las redes sociales y la publicidad en línea, es una excelente forma de alcanzar nuevos públicos. Además, asegúrate de aprovechar las recomendaciones de tus pacientes satisfechos y fomentar el boca a boca.

Pasos para planificar el crecimiento financiero de tu consultorio dental:

1. **Análisis de la demanda del mercado**: Realiza un análisis para identificar las tendencias del mercado, las necesidades insatisfechas y las oportunidades de servicios adicionales que puedas ofrecer.

2. **Establece un plan de inversión**: Determina cuánto dinero necesitas invertir para hacer crecer tu consultorio y cómo

financiarás esas inversiones (por ejemplo, ahorros, préstamos, reinversión de ganancias).

3. **Calcula el retorno de la inversión (ROI)**: Antes de realizar cualquier inversión significativa, como la compra de equipos o la contratación de personal adicional, asegúrate de calcular el retorno de la inversión. ¿Cómo impactará esta inversión en los ingresos a corto y largo plazo?

4. **Desarrolla un plan a largo plazo**: Piensa en el futuro de tu consultorio a largo plazo. ¿Dónde te gustaría estar en los próximos 5 o 10 años? Establece metas a largo plazo y trabaja en ellas de manera constante, evaluando cada paso de la planificación.

Consejos para planificar el crecimiento sostenido:

- **Evalúa el mercado y las necesidades del paciente** para identificar nuevas áreas de crecimiento.
- **Desarrolla un enfoque de marketing sólido** que te permita atraer más pacientes y aumentar la visibilidad de tu consultorio.
- **Monitorea las finanzas de manera constante** para asegurarte de que cada inversión esté alineada con el crecimiento planificado.
- **Mantén un enfoque equilibrado** entre el crecimiento económico y la mejora de la calidad del servicio al paciente.

3. Herramientas y recursos para la planificación financiera

Existen diversas herramientas y recursos que puedes utilizar para facilitar la planificación financiera y la creación del presupuesto anual de tu consultorio dental:

1. **Software de gestión financiera**: Herramientas como QuickBooks, Xero o programas específicos para consultorios dentales te permitirán llevar un control detallado de tus ingresos y gastos, generar informes financieros y facilitar la elaboración de presupuestos.

2. **Asesoría financiera profesional**: Si no tienes experiencia en contabilidad o planificación financiera, considera contratar a un asesor financiero que pueda ayudarte a elaborar un plan detallado de presupuesto y a implementar estrategias de crecimiento.

3. **Capacitación continua**: Mantente informado sobre las mejores prácticas de gestión financiera y crecimiento empresarial mediante libros, webinars y cursos especializados en la gestión de consultorios dentales.

La **planificación financiera** y la creación de un **presupuesto anual** son aspectos esenciales para la administración de un consultorio dental rentable y exitoso.

Un presupuesto bien estructurado te permite controlar los ingresos y gastos, mientras que una planificación adecuada te ayudará a identificar oportunidades para el crecimiento y la expansión.

A través de una gestión financiera eficiente, puedes garantizar no solo la estabilidad de tu consultorio, sino también su crecimiento continuo en el futuro. La clave está en realizar una planificación cuidadosa, establecer metas claras y adaptarse a las circunstancias del mercado para aprovechar las oportunidades de expansión.

2.2. Facturación y Cobros: Métodos para Optimizar el Proceso de Facturación, Asegurar Pagos a Tiempo y Trabajar con Seguros

El proceso de **facturación y cobros** es una parte crucial de la administración financiera de un consultorio dental. Un sistema de facturación eficiente no solo mejora el flujo de caja, sino que también contribuye a la satisfacción del paciente al garantizar que los pagos se gestionen de manera clara, transparente y oportuna. Además, en la odontología, el trabajo con seguros dentales es una parte importante del proceso, por lo que es fundamental contar con un manejo adecuado de estos procedimientos.

En esta sección, abordaremos las mejores prácticas para optimizar la facturación, asegurar que los pacientes paguen a tiempo y gestionar de manera efectiva los pagos provenientes de los seguros. Una buena gestión de facturación no solo te permite mantener una situación financiera saludable, sino que también refuerza la relación con tus pacientes al garantizar una experiencia fluida y sin sorpresas financieras.

1. Optimización del Proceso de Facturación

Un proceso de facturación eficiente es esencial para minimizar errores, reducir el tiempo dedicado a la administración y acelerar los pagos. Además, un sistema bien organizado facilita la recopilación de datos para la presentación de informes financieros y la evaluación del rendimiento del consultorio.

Pasos para optimizar el proceso de facturación:

1. **Automatización del sistema de facturación**: Utilizar un software de gestión dental que automatice el proceso de facturación es una de las mejores decisiones para mejorar la eficiencia. Programas como Dentrix, Open Dental, Eaglesoft y otros sistemas de gestión dental permiten generar facturas de forma rápida y precisa, evitando errores humanos. Además, muchos de estos sistemas tienen funciones de recordatorios automáticospara pagos pendientes y pueden integrarse con sistemas de contabilidad.

2. **Generación de presupuestos y presupuestos previos a los tratamientos**: Antes de realizar un tratamiento, especialmente los procedimientos de mayor costo, es recomendable generar un presupuesto detallado para el paciente. Este presupuesto debe incluir los costos del tratamiento, los materiales necesarios, y la cantidad estimada que se facturará. Esto evita sorpresas y permite que el paciente sepa de antemano cuánto tendrá que pagar.

3. **Facturación electrónica**: En lugar de emitir facturas en papel, muchas jurisdicciones permiten la facturación electrónica. Esta modalidad no solo es más eficiente, sino que también reduce los errores y los costos de impresión. Además, se puede enviar directamente al correo electrónico del paciente, lo que acelera la entrega y el pago.

4. **Categorización de servicios y precios**: Es importante establecer precios claros para cada servicio que se ofrece. Esto debe incluir tarifas estandarizadas para las consultas iniciales, procedimientos de rutina (limpiezas, empastes, radiografías), tratamientos más complejos y servicios de

urgencia. Tener tarifas transparentes ayuda a evitar malentendidos con los pacientes.

5. **Facilidades de pago**: Ofrecer opciones de pago flexibles puede aumentar las tasas de pago puntual. Los pacientes pueden estar más dispuestos a pagar si ofrecen métodos como tarjetas de crédito, financiamiento a plazos, transferencias bancarias o incluso pagos online a través de plataformas seguras.

2. Asegurar Pagos a Tiempo: Estrategias para Minimizar Retrasos

Un desafío frecuente en cualquier consultorio dental es garantizar que los pacientes paguen a tiempo. La mora en los pagos puede afectar gravemente el flujo de efectivo y la capacidad de invertir en el crecimiento del consultorio. Sin embargo, existen diversas estrategias para asegurar que los pagos sean realizados puntualmente y minimizar el riesgo de impagos.

Métodos para asegurar pagos a tiempo:

1. **Políticas claras de pago**: Desde el principio, establece políticas claras de pago que los pacientes deben entender. Esto incluye especificar que el pago se espera en el momento del servicio, o dentro de un plazo específico si el pago es a crédito. Las políticas deben estar detalladas tanto en los formularios de consentimiento como en los acuerdos firmados.

2. **Recordatorios automáticos**: Usa herramientas de software para enviar recordatorios automáticos a los pacientes antes de la cita, durante la cita y después del tratamiento. Esto puede incluir recordatorios por correo electrónico o SMS,

y es especialmente útil cuando se tienen pagos a plazos o cuentas pendientes.

3. **Incentivos por pago anticipado o rápido**: Ofrecer un **descuento por pago anticipado** o un pequeño incentivo por pagar antes de la fecha límite puede motivar a los pacientes a liquidar sus facturas rápidamente. Esto también puede aplicarse a tratamientos más costosos que se pagarán en cuotas, ofreciendo un pequeño descuento por pago inmediato o dentro de un plazo muy corto.

4. **Métodos de pago convenientes**: Facilitar la forma en que los pacientes pueden pagar también puede mejorar la puntualidad. Ofrecer múltiples formas de pago, como tarjetas de crédito, transferencias electrónicas y sistemas de pago en línea, hace que el proceso de pago sea más accesible. Si los pacientes no tienen que acudir físicamente al consultorio para pagar, es más probable que lo hagan de manera oportuna.

5. **Política de vencimiento de pagos**: Si un paciente no paga dentro del plazo estipulado, establece una política de cobro que incluya cargos por demora. Esto debe estar claramente indicado desde el inicio. Además, asegúrate de que haya un proceso escalonado para las gestiones de cobro: primero un recordatorio amigable, luego una notificación formal, y finalmente acciones más serias si el pago sigue sin realizarse.

6. **Establecimiento de contratos de pago**: Para tratamientos costosos o cuando se manejan pagos a plazos, establece un contrato de pago por escrito. Este contrato debe detallar el monto total, el calendario de pagos, las consecuencias de un impago y las tasas de interés aplicables por retrasos. El contrato protege tanto al paciente como al consultorio.

3. Trabajar con Seguros Dentales: Optimización del Proceso de Reclamaciones

El trabajo con seguros dentales es una parte importante del proceso de facturación en muchos consultorios dentales. Aunque los seguros pueden ser una forma efectiva de atraer pacientes, también pueden ser complicados y generar retrasos en los pagos si no se gestionan correctamente. Es importante entender cómo funcionan los seguros dentales y cómo optimizar el proceso para evitar pérdidas y mejorar el flujo de efectivo.

Pasos para optimizar el trabajo con seguros:

1. **Verificación de beneficios y cobertura**: Antes de comenzar cualquier tratamiento, es importante verificar los beneficios y la cobertura del seguro del paciente. La verificación previa te permitirá saber qué servicios están cubiertos, cuáles no, y cuánto cubrirá el seguro. Esto puede evitar sorpresas cuando se presenta la reclamación.

2. **Cobertura de múltiples seguros**: En algunos casos, los pacientes pueden tener seguro dental secundario. Asegúrate de entender cómo manejar la presentación de reclamaciones para seguros múltiples y coordinar los pagos entre ambos.

3. **Presentación precisa de reclamaciones**: Una parte crítica del proceso es asegurarse de que todas las reclamaciones de seguros se presenten de manera precisa y oportuna. Utilizar un sistema de software integrado que envíe reclamaciones electrónicas puede reducir errores y acelerar el proceso. Verifica que todos los detalles sean correctos, incluidos los códigos de tratamiento, el diagnóstico y la información del paciente.

4. **Seguimiento de las reclamaciones**: Es importante hacer un seguimiento de las reclamaciones enviadas a los seguros. A menudo, las aseguradoras pueden demorar el procesamiento o denegar una reclamación por razones administrativas. Establece un sistema para hacer un seguimiento y responder rápidamente a cualquier problema.

5. **Educación del paciente sobre el proceso de seguro**: Asegúrate de que los pacientes comprendan su responsabilidad financiera en cuanto a su seguro. Aunque el seguro cubra una parte de los costos, siempre es posible que haya un saldo pendiente. Proporciona a los pacientes un desglose claro de lo que su seguro cubre y lo que no, y asegúrate de que estén informados sobre la porción que deben pagar.

6. **Cobro de balances no cubiertos por el seguro**: Después de que el seguro haya pagado su parte, asegúrate de cobrar al paciente la cantidad restante. Si el seguro no cubre completamente el costo del tratamiento, la diferencia será responsabilidad del paciente. En estos casos, facilita el proceso de pago ofreciendo opciones flexibles.

4. Consejos Adicionales para una Facturación Eficiente

- **Documentación precisa y completa**: Mantén un registro detallado de todas las consultas, procedimientos realizados y pagos efectuados. Esto no solo facilita la facturación, sino que también es importante en caso de auditorías o disputas.
- **Capacitación del personal**: Asegúrate de que todo el personal involucrado en el proceso de facturación (como recepcionistas y asistentes administrativos) reciba capacitación adecuada para manejar la facturación y cobros de manera eficiente.

- **Comunicaciones claras con el paciente**: La transparencia es clave para evitar conflictos. Siempre explica claramente los costos antes de realizar cualquier tratamiento, y asegúrate de que el paciente esté informado sobre sus opciones de pago.

La optimización del proceso de facturación y cobros es crucial para la estabilidad financiera de tu consultorio dental. Desde la automatización de la facturación hasta la gestión eficiente de seguros y el seguimiento de los pagos, cada uno de estos elementos contribuye a un flujo de efectivo más saludable y a una mayor satisfacción del paciente. Al implementar estas estrategias, no solo mejorarás la eficiencia operativa, sino que también crearás una experiencia más fluida y confiable para tus pacientes, lo que, a largo plazo, fortalecerá la relación con ellos y fomentará el crecimiento del negocio.

2.3 Inversiones y Reinversiones: Cómo Saber Cuándo Invertir en Equipos, Tecnología o Marketing para Impulsar el Negocio

Las inversiones y reinversiones son aspectos fundamentales para el crecimiento sostenido de un consultorio dental. Invertir en el momento adecuado y en las áreas correctas puede marcar una gran diferencia en la rentabilidad y eficiencia de tu negocio. Sin embargo, saber cuándo y cómo hacer estas inversiones requiere de un análisis cuidadoso de las necesidades actuales de tu consultorio y de su potencial de crecimiento futuro.
En esta sección, discutiremos las mejores estrategias para tomar decisiones informadas sobre cuándo invertir en equipos dentales, tecnología, y marketing, y cómo

asegurarte de que estas inversiones contribuyan al éxito a largo plazo de tu negocio.

1. La Importancia de las Inversiones para el Crecimiento

Invertir es crucial para mantener tu consultorio competitivo en el mercado. Las inversiones estratégicas te permiten mejorar la calidad del servicio, optimizar los procesos operativos y atraer más pacientes. Sin embargo, invertir sin una planificación adecuada puede resultar en un exceso de gastos y un retorno de inversión (ROI) insuficiente.

¿Por qué es importante realizar inversiones en un consultorio dental?

1. **Mejora de la calidad del servicio**: Las nuevas tecnologías, equipos de diagnóstico y herramientas de tratamiento mejoran la calidad y la precisión de la atención que ofreces. Los pacientes están más dispuestos a confiar en tu consultorio si puedes ofrecerles lo último en tratamientos y tecnología.

2. **Incremento de la eficiencia**: La inversión en equipos modernos y en software de gestión puede aumentar significativamente la eficiencia operativa, reduciendo tiempos de espera, mejorando la programación de citas y agilizando el proceso de facturación.

3. **Aumento de la competitividad**: Un consultorio que invierte en marketing, publicidad y atención al cliente tiene más probabilidades de atraer y retener pacientes. Además, mantenerse actualizado con las últimas innovaciones tecnológicas también te pone por delante de otros competidores que no lo hacen.

4. **Expansión de la oferta de servicios**: Las inversiones adecuadas pueden permitirte ofrecer tratamientos adicionales que aumenten tu gama de servicios, atrayendo a más pacientes y aumentando la facturación.

2. Inversiones en Equipos Dentales: ¿Cuándo Realizar una Compra Significativa?

La inversión en equipos dentales de calidad es uno de los gastos más importantes en un consultorio odontológico. Desde las unidades de tratamiento hasta los sistemas de radiografía digital y el equipo para tratamientos estéticos, la tecnología desempeña un papel esencial en la atención que brindas.

Cómo saber cuándo invertir en nuevos equipos:

1. **Obsolescencia de los equipos actuales**: Si tus equipos actuales están comenzando a mostrar signos de obsolescencia, ya sea porque están dañados o no funcionan tan eficientemente como antes, es hora de considerar una inversión. Los equipos antiguos pueden generar costos operativos más altos debido a la necesidad de reparaciones constantes o la falta de precisión en los diagnósticos y tratamientos.

2. **Demanda de servicios especializados**: Si tu consultorio está recibiendo una demanda creciente por servicios que requieren equipos especializados, como implantes dentales, ortodoncia o blanqueamiento dental, invertir en equipos específicos puede ser una forma de satisfacer esa demanda y aumentar tus ingresos.

3. **Mejora en la eficiencia**: Si los equipos modernos pueden mejorar significativamente la eficiencia operativa en

términos de tiempo o resultados, esto puede justificar la inversión. Por ejemplo, equipos de radiografía digital permiten diagnósticos más rápidos y precisos, lo que puede reducir el tiempo de tratamiento y aumentar la satisfacción del paciente.

4. **Capacidad de financiar la inversión**: Antes de realizar una inversión significativa en equipos, asegúrate de que tu flujo de efectivo sea adecuado para cubrir el costo sin comprometer la estabilidad financiera del consultorio. Considera opciones de financiamiento como préstamos o leasing, que pueden distribuir el costo en plazos más manejables.

3. Inversiones en Tecnología: La Clave para Optimizar Operaciones y Mejorar la Experiencia del Paciente

La tecnología dental avanza rápidamente y puede ofrecer soluciones que aumentan la precisión, reducen los costos operativos y mejoran la experiencia del paciente. Invertir en software de gestión, telemedicina, sistemas de citas en línea y plataformas de comunicación con los pacientes puede transformar cómo operas tu consultorio.

Cuándo invertir en tecnología:

1. **Mejoras en la gestión de pacientes**: Si aún no utilizas un software de gestión de consultorio dental, es el momento de hacerlo. Estos programas facilitan la gestión de citas, el registro de tratamientos, la facturación y la interacción con los pacientes. Además, los software avanzados te permiten generar informes detallados de desempeño financiero, lo que es esencial para tomar decisiones informadas sobre futuras inversiones.

2. **Optimización de la atención al paciente**: Invertir en tecnologías que mejoren la experiencia del paciente, como citas en línea, recordatorios automaticos y comunicación digital, aumenta la eficiencia y mejora la satisfacción del paciente. Los pacientes valoran cada vez más la comodidad de gestionar sus citas y recibir recordatorios sin tener que interactuar directamente con el personal del consultorio.
3. **Herramientas de diagnóstico avanzado**: Si deseas ofrecer diagnósticos más rápidos y precisos, las herramientas como los escáneres intraorales o la radiografía digital son inversiones valiosas. Además, las herramientas de diagnóstico asistido por IA pueden ayudar a identificar problemas dentales con mayor precisión, lo que te permite proporcionar tratamientos más efectivos.

4. **Seguridad y cumplimiento normativo**: En muchos países, los consultorios dentales están obligados a cumplir con normas de protección de datos y seguridad. Invertir en sistemas que garanticen la seguridad de los datos de los pacientes, como sistemas de almacenamiento en la nube seguros, es fundamental no solo para cumplir con la ley, sino también para generar confianza entre tus pacientes.

4. Inversiones en Marketing: Cómo Atraer y Retener Pacientes

El marketing es un componente clave para asegurar que tu consultorio dental siga creciendo. Invertir en estrategias de marketing efectivas puede ayudarte a atraer nuevos pacientes y retener a los actuales.

Cuándo invertir en marketing:

1. **Expansión del mercado objetivo**: Si deseas atraer más pacientes o llegar a nuevos segmentos de mercado (por ejemplo, pacientes jóvenes o familias), invertir en marketing digital puede ser la clave. Las campañas en redes sociales, el SEO (optimización de motores de búsqueda), y la publicidad pagada son formas efectivas de llegar a nuevos pacientes.

2. **Reforzar la presencia en línea**: Si aún no tienes una presencia web sólida, es hora de invertir en la creación de un sitio web profesional y en la optimización de redes sociales. Los pacientes suelen buscar un dentista en línea antes de decidirse, por lo que una buena presencia digital es esencial. Además, las opiniones de pacientes en Google Reviews o Facebook pueden ayudar a atraer nuevos pacientes.

3. **Campañas de fidelización**: Si ya cuentas con una base de pacientes establecida, es posible que quieras invertir en campañas de fidelización. Esto puede incluir programas de recompensas por referencias, seguimiento post-tratamiento, y ofertas especiales para pacientes recurrentes.

4. **Evaluación de ROI**: Antes de hacer una inversión en marketing, asegúrate de evaluar el retorno de inversión (ROI) de las campañas anteriores. Si alguna estrategia ha demostrado ser exitosa, como el marketing a través de las redes sociales o el uso de anuncios pagados, aumenta tu presupuesto en esa área.

5. Estrategias para Tomar Decisiones sobre Inversiones y Reinversiones

Tomar decisiones informadas sobre inversiones y reinversiones en el consultorio dental requiere un enfoque estratégico. Aquí hay algunos consejos para asegurarte de que cada inversión tenga el mayor impacto posible en el crecimiento de tu negocio:

1. **Evaluar el retorno de inversión (ROI)**: Cada vez que consideres una inversión, calcula el posible retorno de inversión. Si una inversión en equipos o tecnología mejorará la eficiencia, atraerá más pacientes o aumentará la calidad de la atención, asegúrate de que los beneficios sean mayores que el costo inicial.

2. **Priorizar las necesidades urgentes**: Si bien el crecimiento es importante, asegúrate de que las inversiones estén alineadas con las necesidades inmediatas del consultorio. Si tienes equipos defectuosos o tecnología anticuada, esas inversiones deben ser priorizadas.

3. **Establecer un fondo para reinversiones**: Es recomendable reservar un porcentaje de las ganancias del consultorio para reinversiones. Esto asegura que siempre tengas recursos disponibles para realizar mejoras cuando sea necesario.

4. **Consultar con expertos**: Si no estás seguro de qué área necesita más inversión, consulta con otros dentistas o asesores financieros que puedan ofrecerte una visión externa y recomendaciones basadas en experiencias previas.

Las inversiones y reinversiones son elementos clave para el crecimiento y éxito sostenido de un consultorio dental. Al invertir en equipos, tecnología y marketing de manera estratégica, puedes mejorar la calidad del servicio, aumentar la eficiencia y atraer a más pacientes. Sin embargo, es fundamental tomar decisiones informadas, priorizar las inversiones que tengan un mayor retorno y asegurarte de que cada gasto contribuya al éxito a largo plazo de tu negocio.

III

Marketing y Creación de Marca

3.1 Estrategias de Marketing Digital: Uso de Redes Sociales, Página Web, SEO y Campañas Pagadas para Atraer Pacientes

En un mundo cada vez más digitalizado, los consultorios dentales no pueden permitirse ignorar las herramientas y plataformas digitales disponibles para atraer, retener y fidelizar pacientes. El marketing digital no solo mejora la visibilidad de tu negocio, sino que también te permite conectarte de manera más directa y personalizada con tus pacientes actuales y potenciales. Con una estrategia de marketing digital adecuada, podrás posicionar tu consultorio dental de manera efectiva en un mercado altamente competitivo.

En esta sección, exploraremos las estrategias clave de marketing digital que los dentistas pueden utilizar para atraer más pacientes, fortalecer su marca y asegurar que su consultorio se destaque en la era digital.

1. La Importancia del Marketing Digital en la Odontología

El marketing digital permite que los dentistas lleguen a su público objetivo de manera más efectiva, mediante herramientas precisas y segmentadas. A través del marketing digital, puedes:

1. **Atraer más pacientes**: Las plataformas digitales ofrecen la posibilidad de llegar a una audiencia mucho más amplia y de dirigirse a los pacientes más adecuados para tus servicios. Desde redes sociales hasta la optimización de motores de búsqueda, hay diversas maneras de conectar con tu público objetivo.

2. **Fidelizar a los pacientes actuales**: Las estrategias digitales no solo son útiles para atraer pacientes nuevos, sino también para mantener un contacto constante con los pacientes actuales. A través de correos electrónicos, contenido de valor y campañas de seguimiento, puedes mantener a tus pacientes comprometidos con tu consultorio.

3. **Crear una presencia de marca sólida**: Establecer tu marca en línea te permite destacar tus valores, tu enfoque y lo que te hace único como dentista. El marketing digital te brinda herramientas para construir una imagen profesional y confiable que atraiga a más pacientes.

4. **Medir y optimizar resultados**: A diferencia de los métodos tradicionales de marketing, el marketing digital te

ofrece la posibilidad de medir con precisión el retorno de inversión (ROI) de cada campaña. Puedes ver qué estrategias están funcionando y cuáles necesitan ajustes.

2. Uso de Redes Sociales para Atraer Pacientes

Las redes sociales son una de las herramientas de marketing más poderosas para los dentistas. Plataformas como Facebook, Instagram, TikTok y LinkedIn ofrecen oportunidades únicas para conectar con los pacientes, mostrar la calidad de tu trabajo y promocionar servicios. Estrategias clave en redes sociales:

1. **Mostrar contenido educativo y valioso**: Publica contenido que eduque a tus pacientes sobre la salud bucal, el cuidado dental y los tratamientos disponibles en tu consultorio. Esto no solo posiciona tu consultorio como una autoridad en la materia, sino que también genera confianza. Publicaciones sobre hábitos de higiene dental, prevención de enfermedades bucales o novedades sobre procedimientos innovadores pueden atraer la atención de tus seguidores.

2. **Testimonios y casos de éxito**: Comparte historias de pacientes satisfechos (con su consentimiento, claro). Los testimonios en redes sociales pueden ser muy poderosos para atraer nuevos pacientes, ya que la recomendación de otros pacientes tiene una gran influencia en la toma de decisiones. Publicar fotos del antes y después de los tratamientos también es una excelente forma de demostrar los resultados tangibles de tu trabajo.

3. **Publicidad segmentada en redes sociales**: Las plataformas sociales te permiten segmentar tus campañas publicitarias de manera muy precisa. Puedes dirigir

anuncios a usuarios según su ubicación, edad, intereses, e incluso comportamiento. Esto te ayudará a llegar a la audiencia adecuada para tus servicios específicos.

4. **Interacción y fidelización**: Responde a los comentarios y mensajes directos de tus seguidores, mantén conversaciones auténticas y personalizadas. La interacción constante en las redes sociales fomenta un sentido de comunidad y hace que los pacientes potenciales se sientan más cómodos al elegirte como su dentista.

3. Creación y Optimización de una Página Web Profesional

Tu página web es la cara digital de tu consultorio. Es donde los pacientes obtienen información sobre tus servicios, conocen tu experiencia y, en muchos casos, deciden si programarán una cita. Tener una página web profesional no solo es fundamental para la credibilidad de tu consultorio, sino que también es crucial para el éxito de tus estrategias de marketing digital.

Elementos esenciales de una página web para un consultorio dental:

1. **Diseño limpio y fácil de navegar**: La navegación de tu sitio web debe ser intuitiva y rápida. Los pacientes deben poder encontrar lo que buscan de manera fácil, como información sobre tus servicios, ubicación, horarios y cómo agendar una cita.

2. **Información clara de servicios**: Detalla los tratamientos y servicios que ofreces, incluyendo las especialidades. Asegúrate de que los pacientes puedan entender de manera

sencilla qué pueden esperar de cada tratamiento y cómo pueden beneficiarse de él.

3. **Formulario de contacto y agendamiento de citas**: Un formulario de contacto en tu página web debe permitir a los pacientes hacer preguntas rápidamente o solicitar citas. Además, contar con un sistema de agendamiento de citas en línea hace que el proceso sea mucho más conveniente para los pacientes.

4. **Blog y contenido educativo**: Un blog dentro de tu página web es una excelente manera de educar a los pacientes sobre salud dental, nuevos tratamientos y mantenerlos informados sobre las últimas noticias en el área. Esto también puede ayudar a mejorar tu SEO, lo que discutiremos a continuación.

5. **Testimonios y reseñas**: Muestra los testimonios de pacientes satisfechos en tu página. Las reseñas positivas tienen un impacto importante en la decisión de los nuevos pacientes. También puedes incluir un enlace a tu perfil de Google My Business o Facebook, donde los pacientes puedan dejar reseñas.

4. Optimización para Motores de Búsqueda (SEO)

El SEO (Search Engine Optimization) es el proceso de optimizar tu página web para que aparezca en los primeros resultados de búsqueda de Google cuando los pacientes busquen servicios dentales en tu área. Sin una estrategia de SEO, tu página web podría pasar desapercibida, incluso si ofrece excelentes servicios.

Estrategias SEO clave para consultorios dentales:

1. **Uso de palabras clave relevantes**: Investiga las palabras clave que los pacientes suelen utilizar al buscar dentistas en tu área. Por ejemplo, "dentista en [ciudad]", "implantes dentales", "blanqueamiento dental", etc. Usa estas palabras clave en los títulos, descripciones y contenido de tu página web.

2. **Optimización local**: Como dentista, es crucial que tu sitio web esté optimizado para búsquedas locales. Asegúrate de incluir tu ubicación, dirección y número de teléfono en varias páginas de tu sitio web. Además, regístrate en Google My Business y mantén tu perfil actualizado. Esto ayudará a que tu consultorio aparezca en los resultados de búsqueda localizados.

3. **Contenido de calidad y blogs**: El contenido relevante y actualizado es uno de los factores más importantes para mejorar tu posicionamiento SEO. Publicar artículos en tu blog sobre temas de salud dental, novedades de tratamientos o respuestas a preguntas frecuentes puede aumentar tu visibilidad y atraer tráfico a tu página.

4. **Optimización para móviles**: Asegúrate de que tu página web esté optimizada para dispositivos móviles. Cada vez más personas realizan búsquedas y navegan en internet a través de sus teléfonos, por lo que tener un sitio web responsivo es esencial para no perder pacientes potenciales.

5. Campañas Pagadas (PPC)

Las campañas de publicidad pagada (PPC, por sus siglas en inglés) son una forma eficaz de atraer pacientes de manera rápida y directa. Google Ads y las plataformas de anuncios en redes sociales permiten crear campañas segmentadas que te ayuden a llegar a tu público objetivo.

Estrategias de PPC para dentistas:

1. **Google Ads**: Puedes crear anuncios que se muestren cuando los usuarios busquen términos específicos relacionados con los servicios dentales que ofreces. Al crear campañas de Google Ads, asegúrate de que estén orientadas a palabras clave locales para atraer pacientes de tu área.

2. **Anuncios en redes sociales**: Las plataformas como Facebook e Instagram ofrecen opciones de publicidad pagada altamente segmentadas. Puedes dirigirte a personas en tu área, interesadas en temas de salud dental, o que hayan mostrado interés en productos o servicios relacionados con la odontología.

3. **Remarketing**: Una excelente estrategia de PPC es el remarketing, que te permite volver a contactar a las personas que ya han visitado tu página web. A través de anuncios de remarketing, puedes recordarles a estos usuarios que programen una cita o que aprovechen tus ofertas especiales.

El marketing digital es una herramienta poderosa que puede transformar la manera en que gestionas tu consultorio dental. Usar redes sociales, optimizar tu página web, aplicar estrategias de SEO y realizar campañas pagadas son pasos fundamentales para atraer más pacientes, mejorar tu visibilidad y construir una marca sólida. Implementando estas estrategias de manera efectiva, estarás en el camino hacia un consultorio dental más exitoso y rentable.

4.2 Construcción de una Marca Sólida: Definir la Identidad del Consultorio, Establecer un Nombre y Reputación en el Mercado

En el mundo altamente competitivo de la odontología, no basta con ofrecer un buen servicio: también es necesario construir una marca sólida que resuene con los pacientes, genere confianza y los motive a elegir tu consultorio frente a otros. Una marca bien definida no solo te ayuda a destacarte, sino que también se convierte en un activo valioso que facilita la fidelización de pacientes, la atracción de nuevos prospectos y el crecimiento sostenido del negocio.

La marca de tu consultorio dental es más que un logotipo o un eslogan; es la identidad que creas en la mente de los pacientes, la percepción que tienen de tu servicio y la reputación que has construido a lo largo del tiempo. En esta sección, exploraremos cómo definir esa identidad, establecer un nombre único y crear una reputación sólida en el mercado para que tu consultorio se convierta en la opción preferida por tus pacientes.

1. Definir la Identidad de tu Consultorio Dental

La identidad de tu consultorio dental es la forma en que te presentas a los pacientes y cómo ellos te perciben. Esto incluye todos los aspectos que hacen único tu servicio, como tu estilo de atención, los valores que transmites y la experiencia que ofreces. Crear una identidad sólida es fundamental para conectar con los pacientes y transmitirles lo que pueden esperar al elegirte como su dentista.

Pasos para definir la identidad de tu consultorio:

1. **Establecer los valores y la misión**: ¿Qué valores deseas que definan tu consultorio? ¿Qué te distingue de otros dentistas? Por ejemplo, puedes enfocarte en ofrecer un trato personalizado, en usar tecnología de vanguardia o en brindar servicios con enfoque en la prevención. Estos valores son lo que te diferencian y deben ser comunicados claramente en todas tus interacciones con los pacientes.

2. **Determinar el público objetivo**: Definir a quién deseas dirigir tu servicio es crucial para tu identidad de marca. Si tu consultorio se enfoca en una población familiar, tu marca debería reflejar valores de confianza, seguridad y comodidad. Si trabajas en tratamientos especializados como implantes o ortodoncia, puedes hacer énfasis en la precisión, innovación y experiencia.

3. **Tener una propuesta de valor clara**: La **propuesta de valor** es lo que hace que tu consultorio sea único en el mercado. ¿Por qué los pacientes deberían elegirte? ¿Ofreces una atención más personalizada? ¿Tienes un enfoque único en el tratamiento de enfermedades específicas? Esta propuesta debe estar claramente definida y ser el eje central de toda tu estrategia de marca.

4. **Establecer la cultura interna**: La identidad también depende de la cultura interna del consultorio. ¿Cómo se comunican los miembros de tu equipo entre sí? ¿Cómo interactúan con los pacientes? Una cultura positiva, orientada al servicio y a la excelencia, refuerza tu identidad y se refleja en la experiencia del paciente.

2. Crear un Nombre Único y Memorables para el Consultorio

El nombre de tu consultorio dental es uno de los componentes más importantes de tu marca. Es lo primero que los pacientes escuchan y recuerda, por lo que debe ser fácil de recordar, representativo de tu servicio y diferente a otros en el mercado.

Consejos para elegir un buen nombre para tu consultorio:

1. **Mantén la simplicidad**: Un nombre simple y fácil de recordar tiene mayores posibilidades de quedar en la mente de los pacientes. Evita usar palabras demasiado largas o complicadas que puedan confundirse o ser difíciles de pronunciar.

2. **Refleja la especialidad o el enfoque**: Si te especializas en tratamientos específicos, considera incluir en el nombre algún término relacionado con esa especialidad. Por ejemplo, si tu consultorio se enfoca en estética dental, un nombre como "Sonrisa Radiante" puede reflejar mejor tu enfoque.

3. **Asegúrate de que el nombre sea único**: Investiga para asegurarte de que el nombre no esté registrado o utilizado por otro consultorio o clínica en tu área. Esto evitará confusiones y problemas legales a largo plazo.

4. **Considera tu ubicación**: Si tu consultorio tiene un enfoque local, incluir el nombre de la ciudad o área puede ser una excelente opción. Esto no solo ayuda a mejorar el SEO, sino que también genera un vínculo con la comunidad.

5. **Facilita el dominio web y la presencia en redes sociales**: Asegúrate de que el nombre que elijas sea disponible como dominio web y en redes sociales. Hoy en día, tener una presencia digital coherente con el nombre de tu marca es fundamental para atraer pacientes en línea.

3. Desarrollar un Logotipo y Diseño Visual Atractivo

El logotipo es un símbolo visual clave de tu marca. Junto con tu nombre, es lo que los pacientes identificarán al escuchar de tu consultorio. Tener un logotipo profesional y coherente con tu identidad es esencial para causar una primera impresión positiva.

Puntos importantes para desarrollar un buen logotipo:

1. **Simplicidad y versatilidad**: Un logotipo efectivo es simple, fácil de reconocer y se adapta bien a diferentes medios (papelería, sitio web, redes sociales, publicidad). Evita agregar demasiados detalles que puedan hacerlo difícil de reconocer o de reproducir en tamaños pequeños.

2. **Uso de colores apropiados**: Los colores tienen un impacto significativo en cómo se percibe tu marca. Los colores como el azul y el blanco están relacionados con la limpieza, la confianza y la salud, por lo que son muy comunes en la odontología. Sin embargo, puedes optar por una paleta de colores única que haga que tu marca se distinga.

3. **Tipografía clara y legible**: La tipografía que elijas para tu logotipo debe ser clara y fácil de leer. Además, debe reflejar la personalidad de tu consultorio, ya sea profesional, amigable o innovadora.

4. **Iconografía relevante**: Incluir iconos o elementos visuales relacionados con la odontología, como dientes, sonrisas o herramientas, puede ayudar a que tu logotipo sea inmediatamente identificable y esté alineado con tu sector.

5. Establecer una Reputación de Confianza en el Mercado

La reputación es el pilar sobre el que se construye una marca exitosa. Tener una buena reputación no solo se logra a través de un excelente servicio, sino también mediante la forma en que interactúas con tus pacientes, cómo te perciben en la comunidad y cómo gestionas las opiniones y testimonios.

Estrategias para construir y mantener una buena reputación:

1. **Brindar una experiencia excepcional**: La calidad de la atención que ofrezcas debe ser siempre la prioridad. Desde el momento en que los pacientes entran en tu consultorio hasta que terminan su tratamiento, cada interacción debe ser de calidad. La experiencia del paciente juega un papel clave en cómo se percibe tu marca.

2. **Fomentar las reseñas positivas**: Las **reseñas en línea** son una de las formas más efectivas de construir una buena reputación. Solicita a tus pacientes satisfechos que dejen una reseña en plataformas como **Google** o **Facebook**. Las reseñas positivas ayudan a atraer a nuevos pacientes y refuerzan tu imagen de confianza.

3. **Ser transparente y accesible**: La comunicación abierta y clara es clave para ganar la confianza de tus pacientes. Asegúrate de que puedan obtener fácilmente información

sobre precios, tratamientos y tiempos de espera. Si un paciente tiene dudas, es importante que se sienta apoyado y escuchado.

4. **Involucrarse en la comunidad**: Participar en eventos locales o apoyar causas de la comunidad puede ayudar a construir una reputación sólida y visible. Además, esto te permite humanizar tu marca y demostrar tu compromiso con el bienestar de la comunidad.

5. **Atender los comentarios negativos con profesionalismo**: Es inevitable que en algún momento recibas comentarios negativos. Lo importante es saber manejarlos de manera profesional y constructiva. Responde de manera respetuosa y busca soluciones a los problemas planteados. De esta manera, incluso los comentarios negativos pueden ser una oportunidad para mostrar tu compromiso con la mejora continua.

5. Marketing de Marca: Comunicar tu Identidad al Mundo

Una vez que has definido tu identidad, nombre, logotipo y reputación, es hora de comunicar todo eso al mundo. El marketing de marca implica difundir tu identidad de manera coherente en todos los canales de comunicación, desde tu página web hasta tus redes sociales, publicidad y material impreso.

Estrategias para comunicar tu marca:

1. **Consistencia en todos los canales**: Asegúrate de que tu identidad visual, tus valores y tu mensaje sean coherentes en todas las plataformas. El tono de tu comunicación debe

ser el mismo en tu página web, redes sociales, anuncios y materiales promocionales.

2. **Publicidad alineada con tu identidad**: Cualquier campaña publicitaria debe estar alineada con los valores de tu marca. Si te posicionas como un dentista amigable y accesible, tus anuncios deben reflejar ese tono. Si tu enfoque es la innovación tecnológica, muestra tus equipos de última generación y las soluciones avanzadas que ofreces.

3. **Generación de contenido auténtico**: Crear contenido auténtico y relevante (como blogs, videos, tutoriales o testimonios de pacientes) es una forma excelente de reforzar tu marca. Este contenido debe mostrar quién eres, qué ofreces y por qué los pacientes deben elegirte.

La construcción de una marca sólida para tu consultorio dental es esencial para destacar en el mercado, atraer pacientes y mantener una reputación de confianza. Al definir tu identidad, crear un nombre memorable, desarrollar un logotipo atractivo y construir una reputación sólida, estarás bien encaminado hacia el éxito a largo plazo.

Recuerda que la marca no solo es un símbolo; es la **experiencia** completa que tus pacientes tendrán al elegirte, y eso es lo que hará que tu consultorio se convierta en una opción preferida y recomendada por ellos.

3.3 Marketing Local y Recomendaciones: Cómo Aprovechar el Boca a Boca, Recomendaciones y Alianzas con Otros Profesionales de la Salud

En un mercado competitivo como el de la odontología, el marketing local puede ser una de las estrategias más efectivas para hacer crecer tu consultorio. Aunque el marketing digital es fundamental para atraer pacientes de diferentes áreas, no hay nada que reemplace el poder del boca a boca y de las recomendaciones directas. Estas formas de promoción, basadas en la confianza y las relaciones personales, son extremadamente valiosas en la construcción de tu reputación y el crecimiento sostenido de tu consultorio.

En este capítulo, exploraremos cómo aprovechar el marketing local, cómo fomentar el boca a boca y cómo establecer alianzas con otros profesionales de la salud para crear una red de referencias que beneficie a todos los involucrados.

1. El Poder del Boca a Boca: Fomentar Recomendaciones de Pacientes Satisfechos

El boca a boca sigue siendo una de las formas más poderosas de marketing, especialmente en un campo tan basado en la confianza y la cercanía como la odontología. Si tus pacientes tienen una experiencia positiva, probablemente hablarán de ti con amigos, familiares y conocidos, lo cual es invaluable para tu reputación y la atracción de nuevos pacientes.

Cómo fomentar el boca a boca:

1. **Brinda un servicio excepcional**: La forma más efectiva de generar recomendaciones es ofrecer una experiencia que supere las expectativas del paciente. No se trata solo de realizar un tratamiento odontológico de calidad, sino también de crear un ambiente cómodo, profesional y amigable. Un trato personalizado, una atención al detalle y

un equipo amable y dispuesto pueden hacer que un paciente te recomiende de forma natural.

2. **Solicita testimonios y recomendaciones**: No dudes en pedir a tus pacientes satisfechos que recomienden tu consultorio a sus familiares y amigos. A veces, las personas no se sienten motivadas a hacer recomendaciones a menos que se les pida. Si sientes que un paciente está especialmente contento con tu atención, pídele que te refiera a alguien o que deje una reseña en línea.

3. **Incentiva las referencias**: Si bien las recomendaciones pueden surgir de forma natural, ofrecer algún tipo de incentivo puede motivar aún más a tus pacientes a referir a otras personas. Ofrecer descuentos, promociones especiales o incluso premios pequeños por cada nuevo paciente referido puede ser una excelente manera de incrementar el flujo de referencias. Sin embargo, es importante que este tipo de incentivos no interfieran con la relación profesional y ética con los pacientes.

4. **Crear una experiencia memorable**: Asegúrate de que cada aspecto del servicio que ofreces (desde la recepción hasta el seguimiento post-tratamiento) deje una impresión duradera. Un paciente satisfecho no solo recomendará tu servicio por la calidad del tratamiento, sino también por la **experiencia completa**. Un consultorio bien organizado, con tiempos de espera mínimos, trato amable y equipos tecnológicos avanzados puede ser un tema constante de conversación positiva para tus pacientes.

2. Aprovechar las Recomendaciones de Otros Profesionales de la Salud

Las **alianzas profesionales** son una excelente manera de expandir tu red de pacientes. Los médicos, fisioterapeutas, psicólogos, nutricionistas y otros profesionales de la salud pueden ser una fuente valiosa de referencias, ya que a menudo tratan con personas que necesitan atención dental, ya sea de forma directa o indirecta.

Cómo construir relaciones con otros profesionales de la salud:

1. **Establece una red de contactos**: Comienza a interactuar con otros profesionales de la salud de tu comunidad. Puedes asistir a eventos de networking, ferias de salud o seminarios, donde tendrás la oportunidad de conocer a colegas en otras disciplinas. La construcción de una red local te permitirá intercambiar referencias de manera recíproca.

2. **Ofrece servicios complementarios**: Muchos pacientes que van a otros profesionales de la salud pueden necesitar atención dental especializada. Por ejemplo, los ortodoncistas pueden recomendarte para realizar limpieza dental o revisiones periódicas. Asegúrate de que otros médicos sepan los servicios que ofreces y cómo pueden beneficiar a sus pacientes.

3. **Crear acuerdos de colaboración**: Puedes establecer acuerdos informales o formales con otros profesionales para que te refieran pacientes. A cambio, podrías ofrecer un pequeño descuento o alguna otra ventaja para los pacientes referidos por esos profesionales. Asegúrate de que estos

acuerdos estén alineados con las normativas y principios éticos de tu práctica.

4. **Proponer charlas o conferencias conjuntas**: Organiza actividades educativas en conjunto con otros profesionales de la salud. Por ejemplo, puedes ofrecer una charla sobre la importancia de la higiene dental para pacientes que asisten a un centro de salud o fisioterapia. Esto no solo posiciona tu consultorio como una fuente de conocimiento, sino que también te permite llegar a nuevos pacientes potenciales que ya confían en el profesional con el que estás colaborando.

5. **Mantén una comunicación constante**: Es importante que los otros profesionales de la salud en tu red sepan que te interesa colaborar con ellos a largo plazo. Mantén contacto de manera regular y actualiza a tu red sobre nuevos tratamientos, servicios y promociones que puedas ofrecer. Además, asegúrate de que ellos puedan contactarte fácilmente cuando necesiten hacer una referencia.

3. Marketing Local: Cómo Establecer Tu Consultorio como una Parte de la Comunidad

El **marketing local** se basa en construir una presencia activa dentro de tu comunidad. Es más efectivo cuando tu consultorio se convierte en una **entidad reconocida** en el área, no solo por los servicios dentales que ofreces, sino también por tu participación en la vida local.

Estrategias de marketing local:

1. **Participación en eventos comunitarios**: Unirse o patrocinar eventos locales es una excelente forma de dar a conocer tu consultorio. Ya sea que participes en eventos

deportivos, ferias de salud, festivales locales o actividades benéficas, tu presencia en estos eventos aumenta la visibilidad y establece tu consultorio como una parte importante de la comunidad.

2. **Publicidades locales**: Utiliza las herramientas tradicionales de marketing local, como anuncios en periódicos comunitarios, radio local o en tablones de anuncios de vecindarios. Estos métodos pueden ser efectivos para llegar a la población local que tal vez no esté tan activa en las redes sociales.

3. **Colaboración con negocios locales**: Considera la posibilidad de hacer alianzas con otros negocios locales, como gimnasios, farmacias o tiendas de productos naturales, para ofrecer promociones cruzadas. Puedes hacer que los clientes de esos negocios reciban un descuento en tu consultorio, y viceversa. Estas colaboraciones benefician tanto a tu negocio como a los de la comunidad.

4. **Promociones y descuentos exclusivos para la comunidad local**: Ofrecer descuentos especiales para pacientes locales puede ser una excelente forma de atraer a nuevos pacientes y fidelizar a los existentes. Además, al hacerlo, estás mostrando que te importa tu comunidad y deseas retribuirle con un servicio de calidad a un precio accesible.

5. **Generar contenido relacionado con la comunidad**: Publicar en tus redes sociales y sitio web sobre eventos locales, noticias de la zona o actividades en las que tu consultorio esté involucrado genera una conexión más profunda con los residentes. Este tipo de contenido no solo es relevante para la comunidad, sino que también te posiciona como un miembro activo e interesado en el bienestar local.

4. Medir y Evaluar el Éxito del Marketing Local

Es fundamental que midas la efectividad de tus esfuerzos de marketing local para asegurarte de que las estrategias que estás implementando estén funcionando correctamente. Evaluar los resultados te permitirá ajustar tus tácticas y optimizar el retorno de inversión (ROI).

Cómo medir el éxito del marketing local:

1. **Seguimiento de referencias**: Establece un sistema para hacer un seguimiento de las referencias que recibes, ya sea a través de tu sitio web, llamadas telefónicas o directamente en la consulta. Esto te permitirá identificar de dónde provienen tus nuevos pacientes y qué métodos de marketing local están siendo más efectivos.

2. **Encuestas de satisfacción**: Realiza encuestas a tus pacientes actuales para conocer cómo llegaron a tu consultorio y qué les motivó a elegirte. Esto te dará información valiosa sobre la efectividad de tu marketing local y la percepción que tienen de tu marca.

3. **Evaluar la participación en eventos locales**: Mide cuántos pacientes o prospectos has atraído a través de tu participación en eventos comunitarios o ferias de salud. También puedes utilizar herramientas de análisis para medir el tráfico en tu sitio web o redes sociales después de un evento específico.

El marketing local, combinado con la fuerza del boca a boca y las recomendaciones de otros profesionales de la salud, es una de las estrategias más efectivas para hacer crecer tu consultorio dental. Al establecer alianzas con colegas, ofrecer un servicio excepcional y participar activamente en la comunidad, tu marca se hará más fuerte y tu consultorio se posicionará como un referente de confianza en la odontología local. La consistencia en tu enfoque y el seguimiento adecuado de los resultados son clave para lograr un éxito duradero en el marketing local.

IV

Gestión del Personal y Liderazgo: Contratación y Formación del Equipo

Uno de los pilares fundamentales para el éxito de cualquier consultorio dental es contar con un equipo de trabajo eficiente y bien formado. La calidad del servicio que proporcionas a tus pacientes depende en gran medida de las personas que forman parte de tu consultorio.

Esto incluye no solo a los dentistas, sino también a higienistas, asistentes dentales, recepcionistas y cualquier otro miembro del equipo.

Un consultorio bien gestionado es aquel que, además de tener una sólida estructura administrativa y financiera, logra mantener un ambiente de trabajo armónico, motivado y enfocado en ofrecer el mejor servicio a los pacientes. En este capítulo, exploraremos las mejores prácticas para contratar, formar y liderar a tu equipo de trabajo, con el objetivo de garantizar el buen funcionamiento y crecimiento de tu consultorio.

1. Contratación del Personal: Selección Adecuada del Equipo

La contratación es uno de los primeros pasos para formar un equipo de trabajo exitoso. Sin embargo, la selección no debe basarse únicamente en las habilidades técnicas de los candidatos, sino también en su ajuste cultural al consultorio y su capacidad para colaborar eficazmente con otros miembros del equipo.

Pasos para una contratación efectiva:

1. **Define las necesidades del consultorio**: Antes de comenzar con el proceso de contratación, es esencial que tengas claro qué tipo de profesionales necesitas para complementar tu equipo. Piensa en las áreas que pueden necesitar refuerzo, como la higiene dental, la asistencia en consultas o la atención al cliente. Además, asegúrate de tener una visión clara de los roles y responsabilidades de cada miembro del equipo.

2. **Revisa las credenciales y experiencia**: Para los dentistas, es imprescindible que cuenten con la formación adecuada, licencias y certificaciones exigidas por las normativas locales. En el caso de los higienistas y asistentes, además de los estudios y experiencia, asegúrate de que sus habilidades estén alineadas con las necesidades del consultorio.

3. **Evalúa las habilidades interpersonales**: La odontología no solo se trata de conocimientos técnicos, sino también de la capacidad para interactuar con los pacientes de manera empática y profesional. Durante las entrevistas, evalúa cómo se comunican los candidatos, su actitud hacia el trabajo en equipo y su enfoque hacia el trato con los pacientes. Un buen clima laboral se construye con personas que tengan una actitud positiva y colaborativa.

4. **Prueba de habilidades**: Es posible que, en algunos casos, desees hacer una prueba de habilidades prácticas a los candidatos, sobre todo si estás contratando a asistentes o higienistas dentales. Esto te permitirá observar cómo desempeñan su trabajo en situaciones reales y evaluar su capacidad técnica.

5. **Cultura organizacional**: Una parte fundamental del proceso de contratación es evaluar si los candidatos se alinean con los valores y principios que definen tu consultorio. La cultura organizacional de tu consultorio tiene un impacto directo en el ambiente laboral y en la forma en que los pacientes perciben tu servicio. Asegúrate de que los nuevos empleados compartan la visión de calidad, respeto y trabajo en equipo que deseas para tu práctica.

2. Formación Continua del Equipo: Capacitación para la Excelencia

Una vez que has formado tu equipo, la capacitación continua es crucial para mantener altos estándares de calidad en los servicios que ofreces. Los avances en la odontología son rápidos, y es fundamental que todos los miembros de tu equipo, desde los dentistas hasta el personal administrativo, estén al tanto de las últimas innovaciones y mejores prácticas.

Cómo garantizar una formación continua efectiva:

1. **Capacitación técnica y clínica**: Los dentistas y otros profesionales deben estar al día con las nuevas técnicas, tecnologías y tratamientos disponibles en la odontología. Considera la posibilidad de ofrecerles acceso a cursos de formación profesional, congresos y talleres especializados. Los avances en técnicas como la odontología digital, la cirugía mínimamente invasiva y los nuevos materiales dentales deben ser parte integral de la formación.

2. **Entrenamiento en atención al paciente**: El servicio al cliente es una parte fundamental del éxito de cualquier consultorio dental. Realiza formaciones periódicas sobre cómo interactuar con los pacientes, cómo gestionar situaciones difíciles y cómo fomentar una experiencia positiva durante la visita al consultorio. El trato humano y la empatía son esenciales para ganar la confianza de los pacientes.

3. **Habilidades administrativas y de gestión**: Para el personal de recepción y administrativo, es esencial ofrecer formación en áreas como la gestión de citas, la atención telefónica, la facturación, la gestión de seguros y la organización de la agenda. Capacitar a tu equipo administrativo ayudará a mejorar la eficiencia operativa y reducirá los errores en la gestión diaria.

4. **Capacitación en trabajo en equipo y comunicación interna**: La dinámica de trabajo dentro del consultorio debe ser fluida y colaborativa. Organiza talleres de trabajo en equipo y comunicación efectiva para garantizar que todos

los miembros del personal trabajen de manera cohesiva. La falta de comunicación puede generar conflictos o ineficiencias, por lo que es esencial promover un ambiente donde el equipo pueda intercambiar ideas, soluciones y apoyo mutuo.

5. **Certificaciones y especializaciones**: Fomenta que tu personal busque certificaciones adicionales en áreas especializadas, como ortodoncia, implantología o endodoncia. Esto no solo aumenta la calidad de los servicios que puedes ofrecer, sino que también muestra a tus pacientes que tu equipo está comprometido con la excelencia y la actualización constante.

6. **Feedback y evaluación constante**: La **evaluación regular del desempeño** es clave para garantizar que tu equipo esté mejorando continuamente. Realiza reuniones periódicas para ofrecer retroalimentación constructiva y establecer nuevas metas de aprendizaje. También es importante que los miembros del equipo tengan la oportunidad de expresar sus inquietudes y sugerencias para mejorar la dinámica laboral.

3. Liderazgo Eficaz: Ser un Líder de tu Equipo

Como dentista y dueño de un consultorio, tu rol no solo es el de un profesional que realiza tratamientos, sino también el de un líder que debe guiar, motivar y tomar decisiones estratégicas para el éxito del equipo. El liderazgo es crucial para crear un ambiente de trabajo positivo, productivo y orientado a la excelencia.

Claves para un liderazgo eficaz:

1. **Inspirar confianza**: La confianza es la base de cualquier relación laboral. Como líder, es fundamental que tu equipo confíe en ti, en tu visión y en tus decisiones. Sé transparente, honesto y accesible para que tu equipo se sienta respaldado y respetado.

2. **Delegación adecuada**: Un buen líder sabe delegar responsabilidades de manera efectiva. Esto no solo permite que el consultorio funcione de manera más eficiente, sino que también permite que cada miembro del equipo crezca en su rol y asuma nuevas responsabilidades. La delegación debe basarse en las fortalezas de cada miembro del equipo, lo que maximiza la productividad y el bienestar.

3. **Motivación constante**: Asegúrate de que tu equipo se sienta valorado y reconocido por su esfuerzo. Los incentivos, las recompensas por un buen trabajo, y la creación de un ambiente de trabajo positivo, motivan al equipo a seguir mejorando y esforzándose por ofrecer lo mejor a los pacientes.

4. **Resolución de conflictos**: En cualquier ambiente de trabajo, los conflictos pueden surgir. Es tu responsabilidad como líder resolverlos de manera justa y eficaz, garantizando que todos los miembros del equipo se sientan escuchados y que se logre una solución que beneficie a todos.

5. **Visión y dirección claras**: Como líder, debes ser el motor que guía a tu equipo hacia el éxito. Establece una visión clara para el consultorio y comparte las metas a largo plazo con tu equipo. Todos deben estar alineados con los

objetivos del consultorio para trabajar juntos en una misma dirección.

4. Cultura y Ambiente Laboral: Fomentar un Lugar de Trabajo Saludable

El ambiente laboral en tu consultorio tiene un impacto directo en la satisfacción de los empleados y, por ende, en la calidad del servicio que ofreces a tus pacientes. Es importante que trabajes activamente en crear una cultura organizacional positiva, donde el equipo se sienta apoyado, respetado y motivado.

Consejos para mantener un ambiente laboral saludable:

- Promueve el respeto mutuo y la empatía entre los miembros del equipo.
- Fomenta la comunicación abierta y el feedback constructivo.
- Ofrece espacios de descanso adecuados y programas de bienestar para prevenir el agotamiento.
- Celebra los logros y los hitos alcanzados como equipo.

La gestión del personal es esencial para el buen funcionamiento de tu consultorio dental. Contratar al personal adecuado, ofrecer formación continua y ser un líder eficaz son pasos fundamentales para asegurar que tu equipo trabaje de manera eficiente y motivada. Recuerda que el éxito de tu consultorio no depende solo de las habilidades clínicas, sino también de la capacidad de tu equipo para brindar una experiencia excepcional a los pacientes. Un consultorio bien gestionado y con un equipo sólido es un consultorio destinado al éxito y crecimiento sostenido.

4.2 Liderazgo Efectivo: Técnicas para Gestionar Equipos, Fomentar el Trabajo en Equipo y Motivar al Personal

El liderazgo efectivo en un consultorio dental es una de las claves principales para lograr un ambiente de trabajo saludable, mejorar la calidad del servicio y garantizar el éxito del consultorio a largo plazo. Como dentista y líder de tu equipo, tu habilidad para gestionar, motivar y fomentar el trabajo en equipo impacta directamente en el desempeño de tu consultorio y en la satisfacción de tus pacientes. A continuación, exploraremos técnicas fundamentales para convertirte en un líder efectivo, desarrollar la cohesión de tu equipo y asegurar que todos estén alineados hacia un objetivo común.

1. La Importancia de un Liderazgo Claro y Visión Compartida

Un liderazgo claro es esencial para que todos los miembros del equipo comprendan sus roles, responsabilidades y las metas del consultorio. La visión compartida es el eje que guía todos los esfuerzos dentro del consultorio. Como líder, es tu tarea definir y comunicar esta visión de manera efectiva, asegurando que cada miembro del equipo esté comprometido con ella.

Técnicas para fomentar un liderazgo claro:

1. **Definir y comunicar la misión**: Establecer una misión y valores claros para el consultorio. ¿Qué tipo de experiencia deseas ofrecer a tus pacientes? ¿Qué nivel de atención y servicio te gustaría que el equipo brindara? Comunicar

estos valores con claridad permite que tu equipo tenga una orientación común.

2. **Establecer metas claras y alcanzables**: Las metas no deben ser abstractas. Define objetivos específicos y alcanzables tanto a corto como a largo plazo. Estos objetivos pueden estar relacionados con la calidad de los tratamientos, la satisfacción del paciente, o la optimización de los procesos dentro del consultorio. De esta manera, todos los miembros del equipo sabrán exactamente qué se espera de ellos y qué contribuciones son necesarias para alcanzar los objetivos del consultorio.

3. **Compartir la visión con el equipo**: No basta con tener una visión para ti mismo, sino que debes compartirla con tu equipo de forma que todos se sientan parte de ella. Involucra a tu equipo en las decisiones importantes y explícales cómo cada uno de ellos juega un papel esencial en el logro de la misión.

2. Gestión de Equipos: Técnicas para Coordinar y Dirigir Eficazmente

Un equipo bien gestionado es clave para la eficiencia operativa de tu consultorio dental. Como líder, tu objetivo debe ser asegurar que cada miembro del equipo esté alineado con los objetivos y trabajando de forma colaborativa para alcanzarlos.

Técnicas para gestionar equipos de manera efectiva:

1. **Delegar responsabilidades adecuadamente**: Como líder, no puedes hacer todo tú solo. La delegación eficaz es fundamental para el funcionamiento de tu consultorio. Identifica las fortalezas de cada miembro de tu equipo y

delega tareas según sus habilidades. Esto no solo mejora la eficiencia, sino que también fomenta el sentimiento de responsabilidad en cada miembro.

2. **Fomentar la colaboración**: Asegúrate de que los miembros de tu equipo trabajen juntos de manera cohesiva. Los diferentes roles, desde los dentistas hasta el personal administrativo, deben colaborar para lograr los objetivos del consultorio. Fomenta el trabajo en equipo, la comunicación abierta y la resolución conjunta de problemas. Los miembros del equipo deben sentirse cómodos al compartir ideas y colaborar sin miedo a represalias.

3. **Realizar reuniones periódicas**: Las **reuniones regulares** son una excelente manera de garantizar que el equipo esté alineado y comprometido con los objetivos. Usa estas reuniones para revisar los avances, abordar cualquier problema y fomentar el intercambio de ideas. Además, las reuniones son una oportunidad para ofrecer feedback constructivo y aclarar cualquier duda que pueda existir.

4. **Clarificar roles y responsabilidades**: Es crucial que cada miembro del equipo entienda bien su rol dentro del consultorio. Esto evitará confusión y duplicación de esfuerzos. Cada miembro debe saber lo que se espera de él, cómo contribuir al trabajo en equipo y qué impacto tiene su trabajo en la experiencia del paciente.

3. Motivar al Personal: Técnicas para Fomentar un Ambiente Positivo y Productivo

Un equipo motivado es un equipo productivo. La motivación no solo proviene de una remuneración adecuada, sino también de un ambiente de trabajo que fomente la reconocibilidad, el aprecio y el crecimiento profesional.

Técnicas para motivar al personal y mantener un ambiente positivo:

1. **Reconocer logros y esfuerzos**: Los empleados necesitan sentirse valorados. Tómate el tiempo para reconocer los logros individuales y los esfuerzos del equipo. Esto no siempre tiene que ser algo grande; incluso el reconocimiento de un pequeño esfuerzo o una actitud positiva puede tener un impacto significativo. Un simple "gracias" o un pequeño gesto de agradecimiento puede ser suficiente para motivar a tu personal.

2. **Ofrecer incentivos**: Los incentivos son una excelente manera de mantener la motivación alta. No se trata solo de incentivos monetarios; las recompensas no económica como días libres, descuentos en servicios o reconocimiento público también son efectivas. Establece un sistema de incentivos para premiar los logros y el buen rendimiento.

3. **Desarrollo profesional y oportunidades de crecimiento**: La motivación también se puede lograr al ofrecer oportunidades de desarrollo profesional. Los empleados deben sentir que tienen un camino de crecimiento dentro de tu consultorio. Invierte en su formación continua y permite que asuman nuevos retos que les ayuden a desarrollarse profesionalmente.

4. **Fomentar el equilibrio entre vida personal y trabajo**: Un equipo motivado es también un equipo que disfruta de un buen equilibrio entre la vida personal y profesional. Asegúrate de que tu personal no esté sobrecargado y que tenga tiempo para descansar y recuperarse. Promueve

horarios de trabajo flexibles cuando sea posible y permite que tus empleados disfruten de su tiempo libre.

5. **Crear un ambiente positivo y de confianza**: Un ambiente de trabajo positivo no solo fomenta la motivación, sino que también mejora la calidad del servicio. La confianza y el respeto mutuo deben ser los cimientos de tu consultorio. Como líder, debes ser un ejemplo de honestidad, empatía y respeto para que tu equipo siga tu ejemplo.

6. **Involucrar al equipo en las decisiones**: Los empleados se sienten más motivados cuando sienten que sus opiniones importan. Involucra a tu equipo en decisiones clave relacionadas con el consultorio, como la implementación de nuevos procesos o servicios. Esto no solo genera un sentido de propiedad y responsabilidad, sino que también fomenta la innovación.

4. Fomentar la Resiliencia y la Adaptabilidad en el Equipo

El entorno dental puede ser a veces exigente, especialmente cuando se enfrentan a cambios o desafíos. Es importante que como líder ayudes a tu equipo a desarrollar la resiliencia y la adaptabilidad necesarias para superar las dificultades.

Técnicas para fomentar resiliencia y adaptabilidad:

1. **Promover la flexibilidad mental**: Fomenta una mentalidad abierta en tu equipo. Anima a los miembros del personal a ver los desafíos como oportunidades para aprender y mejorar, en lugar de obstáculos. La resiliencia se construye cuando el equipo está dispuesto a adaptarse y crecer frente a la adversidad.

2. **Crear un ambiente seguro para el error**: Los errores ocurren, y lo importante es aprender de ellos. Como líder, debes asegurarte de que tu equipo se sienta seguro para cometer errores y aprender de ellos sin miedo al juicio o a represalias. **El error bien gestionado es una oportunidad de crecimiento**.

3. **Capacitación para enfrentar el estrés**: El estrés es común en la odontología debido a la presión de los pacientes y la necesidad de ser preciso en los tratamientos. Ofrecer capacitación sobre cómo manejar el estrés, técnicas de respiración o mindfulness puede ser una herramienta útil para mejorar el bienestar del equipo.

El liderazgo efectivo es la base para la gestión exitosa de un consultorio dental. Para lograrlo, es necesario aplicar técnicas de gestión que promuevan una visión clara, establezcan metas alcanzables, fomenten un trabajo en equipo eficiente y mantengan la motivación y el bienestar del personal. Un líder en odontología no solo debe ser un experto en la técnica dental, sino también un guía para su equipo, asegurándose de que todos trabajen juntos hacia el mismo objetivo: brindar un servicio excepcional a los pacientes, con un ambiente de trabajo positivo, colaborativo y productivo. El liderazgo efectivo es el motor que impulsa el éxito y crecimiento continuo de tu consultorio dental.

4.3 Cultura Organizacional: Crear un Ambiente de Trabajo Positivo que Fomente la Productividad y el Bienestar

La cultura organizacional de un consultorio dental juega un papel crucial en la calidad del servicio que se ofrece a los pacientes, así como en el bienestar y la productividad de los empleados. Una cultura organizacional saludable no solo mejora la satisfacción de los pacientes, sino que también contribuye a la retención de personal, fomenta la motivacióny crea un ambiente donde los empleados se sienten comprometidos y valorados.

Como líder de tu consultorio, es esencial que trabajes activamente en definir, cultivar y mantener una cultura organizacional positiva. Esto no solo hará que tu equipo se sienta respaldado, sino que también repercutirá directamente en el éxito general de tu consultorio. A continuación, exploraremos cómo puedes crear una cultura organizacional fuerte y efectiva que promueva tanto la productividad como el bienestar de tu equipo.

1. Definiendo los Valores y Principios del Consultorio

La cultura organizacional comienza con los valores y principios fundamentales que guiarán el comportamiento y las decisiones dentro de tu consultorio dental. Estos valores deben ser la base sobre la cual se construye toda la estructura organizacional y operativa.

Pasos para definir los valores del consultorio:

1. **Identificar lo que es importante para ti**: Como líder, debes reflexionar sobre qué valores son esenciales para ti y cómo quieres que tu consultorio se perciba tanto interna como externamente. ¿Es la excelencia en el servicio lo más importante? ¿Prefieres un enfoque en la compasión hacia los pacientes? ¿O priorizas la innovación y la mejora continua?

2. **Involucrar al equipo en el proceso**: Para que los valores sean efectivos, es fundamental que todo el equipo esté involucrado en su definición y que los valores sean compartidos por todos. Considera realizar sesiones con tu equipo para discutir qué valores creen que son esenciales y cómo podrían aplicarse a su trabajo diario.

3. **Establecer principios operativos**: Los valores deben ir más allá de un conjunto de palabras. Es importante definir principios operativos concretos que guíen el comportamiento diario. Por ejemplo, si uno de tus valores es la comunicación abierta, los principios operativos pueden incluir reuniones periódicas para compartir información y resolver problemas de manera conjunta.

4. **Reforzar los valores en cada interacción**: La cultura organizacional se refuerza en cada interacción diaria. Como líder, debes actuar según esos valores en tus decisiones y conductas. La manera en que te comportas y te comunicas con tu equipo refleja lo que realmente valoras.

2. Promoviendo el Trabajo en Equipo y la Colaboración

Un consultorio dental exitoso se basa en un trabajo en equipo eficiente, donde todos los miembros colaboran para proporcionar una experiencia excepcional a los pacientes. La cultura organizacional debe fomentar la cooperación y la comunicación abierta, de modo que todos los miembros del equipo, desde los dentistas hasta el personal administrativo, trabajen juntos hacia un objetivo común.

Técnicas para promover la colaboración y el trabajo en equipo:

1. **Crear espacios para la interacción y el intercambio de ideas**: Organiza reuniones regulares para que el equipo pueda compartir ideas, discutir desafíos y encontrar soluciones juntos. Es importante que todos los miembros se sientan parte del proceso de toma de decisiones. Además, se deben crear espacios informales donde el equipo pueda socializar y compartir experiencias.

2. **Fomentar la cooperación entre diferentes roles**: Los consultorios dentales generalmente cuentan con diferentes roles, como dentistas, higienistas, asistentes y personal administrativo. Es fundamental que cada uno de estos roles se valore y se reconozca la contribución única que hace al éxito del consultorio. Fomentar la empatía y el respeto mutuo entre roles ayuda a mejorar la dinámica y fortalecer la colaboración.

3. **Trabajo en equipo interdisciplinario**: Asegúrate de que tu equipo se sienta cómodo trabajando en conjunto para abordar desafíos clínicos o administrativos. Establecer equipos de trabajo interdisciplinarios (por ejemplo, un grupo de dentistas y asistentes para tratar casos complejos) puede generar una mayor creatividad y eficiencia en el manejo de pacientes y procesos internos.

4. **Celebrar los éxitos del equipo**: Reconocer públicamente los logros del equipo, ya sea al resolver un problema complejo o al lograr un objetivo importante, fomenta un sentido de pertenencia y orgullo. Las celebraciones, incluso pequeñas, refuerzan la idea de que el trabajo conjunto es crucial para el éxito del consultorio.

3. Fomentar la Comunicación Abierta y Transparente

La comunicación es la base de cualquier relación efectiva, tanto dentro como fuera del consultorio. Una cultura organizacional positiva promueve una comunicación abierta y transparente entre todos los miembros del equipo. Esto no solo mejora la productividad, sino que también previene malentendidos, conflictos innecesarios y disminuye el estrés en el lugar de trabajo.

Técnicas para fomentar una comunicación abierta:

1. **Establecer canales de comunicación claros**: Asegúrate de que todos los miembros del equipo sepan cómo comunicarse de manera eficiente. Esto incluye la comunicación vertical (entre líderes y empleados) y la comunicación horizontal (entre colegas de diferentes roles). Utiliza herramientas de gestión como aplicaciones de mensajería interna, tablones de anuncios o sistemas de gestión de tareas para mantener a todos informados.

2. **Escuchar activamente a los empleados**: La comunicación no solo debe ser unidireccional. Es fundamental que como líder escuches activamente las opiniones, inquietudes y sugerencias de tu equipo. Las reuniones de retroalimentación, las encuestas de satisfacción laboral o incluso un buzón de sugerencias son excelentes maneras de promover la comunicación bidireccional.

3. **Resolución de conflictos abierta y honesta**: Los conflictos son inevitables, pero lo importante es cómo se manejan. Una cultura organizacional positiva promueve la resolución de conflictos de manera constructiva. Establece procedimientos claros para abordar desacuerdos y asegura que todos los miembros del equipo se sientan escuchados y respetados.

4. **Celebrar la diversidad**: Un ambiente donde se valora la diversidad de opiniones, origenes y experiencias enriquece la comunicación y la dinámica del equipo. Asegúrate de que tu consultorio sea un lugar inclusivo donde todas las voces puedan ser escuchadas sin prejuicios.

4. Fomentar el Bienestar y la Salud Mental del Personal

El bienestar de tu equipo es crucial para mantener altos niveles de motivación, productividad y compromiso. Un ambiente laboral saludable y de apoyo es esencial para prevenir el agotamiento y promover un desempeño constante y de calidad.

Técnicas para promover el bienestar del equipo:

1. **Establecer horarios de trabajo saludables**: Es fundamental que tu equipo tenga tiempo suficiente para descansar y disfrutar de su vida personal. Asegúrate de que los horarios de trabajo sean razonables y, cuando sea posible, ofrece flexibilidad para que el equipo pueda equilibrar su vida personal y profesional.

2. **Promover actividades para reducir el estrés**: La odontología puede ser un trabajo estresante, especialmente cuando se enfrentan a pacientes con necesidades complejas o cuando se manejan situaciones difíciles. Actividades de relajación como pausas para meditación, caminatas al aire libre o incluso actividades recreativas pueden ayudar a reducir el estrés.
3. **Apoyo en salud mental**: El bienestar emocional de tu equipo es tan importante como el físico. Ofrecer apoyo psicológico y programas de bienestar mental, como acceso a terapeutas o programas de asistencia al empleado, puede

hacer una gran diferencia en la calidad de vida de los trabajadores.

4. **Celebrar logros personales**: Más allá de los éxitos profesionales, es importante reconocer los logros personales de tu equipo. Celebra cumpleaños, aniversarios de trabajo y otros eventos importantes de la vida personal de los empleados. Esto, fomenta una cultura de aprecio y apoyo mutuo.

5. Creación de un Sentido de Propósito y Compromiso

Una cultura organizacional positiva no solo se basa en procesos y técnicas, sino en un sentido de propósito que cada miembro del equipo debe experimentar. El sentido de que su trabajo tiene un impacto positivo no solo en la vida de los pacientes, sino también en el éxito general del consultorio, contribuye a la compromiso y la lealtad de los empleados.

Técnicas para crear un sentido de propósito:

1. **Conectar el trabajo con la misión del consultorio**: Recuerda a tu equipo regularmente cómo su trabajo contribuye al éxito general del consultorio y cómo impacta positivamente la vida de los pacientes. Esta conexión entre el trabajo y la misión organiza la experiencia laboral de una manera que va más allá de la rutina diaria.

2. **Promover la autonomía y la toma de decisiones**: Permite que los empleados asuman más responsabilidades y tomen decisiones dentro de sus roles. Esto les da un sentido de **propiedad** sobre su trabajo y refuerza el compromiso con el consultorio.

La cultura organizacional de tu consultorio dental es el corazón de su éxito. Crear un ambiente de trabajo positivo que fomente el trabajo en equipo, la comunicación abierta, el bienestar y un sentido de propósito no solo mejora la calidad de vida de tu equipo, sino que también optimiza el rendimiento del consultorio y la satisfacción de los pacientes. Como líder, debes trabajar activamente para cultivar y mantener una cultura organizacional que promueva estos valores fundamentales, asegurando un ambiente productivo, saludable y comprometido con la excelencia.

V

Atención al Cliente: El Paciente como Cliente

En el mundo actual, la atención al cliente es una de las claves para el éxito de cualquier empresa, y un consultorio dental no es la excepción. Si bien la odontología es una rama de la medicina y la principal preocupación es la salud de los pacientes, la experiencia del paciente juega un papel igualmente crucial en el crecimiento y la rentabilidad del consultorio. Es necesario comprender que el paciente no solo debe ser tratado como un "caso clínico", sino también como un cliente que espera un servicio excepcional. A continuación, exploraremos cómo gestionar la experiencia del paciente de manera efectiva y brindar un servicio que no solo sea clínicamente competente, sino que también sea satisfactorio en términos de la interacción global con el consultorio.

1. La Primera Impresión: Cómo Iniciar la Relación con el Paciente

La primera impresión es esencial. Cuando un paciente llega por primera vez a tu consultorio, ya sea por recomendación, publicidad o búsqueda en línea, debe sentir que está en un lugar donde se le valora y se le ofrece un servicio personalizado desde el primer contacto. Este primer encuentro puede establecer las bases para una relación a largo plazo.

Pasos para una excelente primera impresión:

1. **Ambiente acogedor**: La entrada al consultorio debe ser limpia, bien iluminada y bien organizada. Los pacientes deben sentirse cómodos y bienvenidos desde que entran. La decoración debe ser relajante y profesional, sin ser demasiado fría o impersonal.

2. **Personal amigable y capacitado**: El personal de recepción debe ser cordial, profesional y servicial. Desde el primer saludo, es importante que el paciente se sienta escuchado y respetado. La actitud del personal influye mucho en la percepción del paciente, así que la capacitación en habilidades interpersonales es fundamental.

3. **Proceso de registro eficiente**: La gestión administrativa es parte de la experiencia del paciente. Un proceso de registro eficiente, tanto para nuevas consultas como para seguimientos, hace que el paciente no sienta que su tiempo es desperdiciado. Las plataformas digitales o formularios fáciles de completar pueden facilitar mucho este paso.

2. La Consulta: Creando Confianza con el Paciente

Una vez que el paciente está en la consulta, el enfoque debe estar en crear una relación de confianza y proporcionar un servicio de alta calidad, no solo en el aspecto clínico, sino también en el trato humano. Los pacientes valoran mucho cómo se sienten tratados durante la consulta, y eso puede determinar si vuelven o no.

Elementos claves para una consulta exitosa:

1. **Escucha activa y empatía**: Antes de comenzar cualquier tratamiento, el dentista debe escuchar activamente las inquietudes del paciente, comprender su historial médico y asegurarse de que se sienta cómodo al compartir sus preocupaciones. La empatía es fundamental para ganar la confianza del paciente.

2. **Explicación clara de los procedimientos**: Muchas veces, los pacientes no entienden del todo lo que está sucediendo o lo que se va a hacer durante un tratamiento. Es crucial explicar con claridad el diagnóstico, las opciones de tratamiento y los costos involucrados, para que el paciente pueda tomar decisiones informadas y no se sienta confundido o ansioso.

3. **Atención personalizada**: Tratar al paciente como un individuo, no como un número más, es vital. Cada paciente tiene diferentes necesidades y preocupaciones, y ofrecer un enfoque personalizado puede marcar la diferencia en la experiencia del paciente. Asegúrate de que tu equipo de trabajo también esté alineado con esta filosofía.

4. **Manejo de la ansiedad**: Muchos pacientes tienen miedo o ansiedad al visitar al dentista. Proporcionar un ambiente

relajante, con música suave, explicaciones tranquilizadoras y técnicas de relajación, como la respiración profunda, puede aliviar esa tensión. Una actitud calmada y segura también es importante para que el paciente se sienta en buenas manos.

3. El Seguimiento: Mantener el Compromiso del Paciente

Una vez que el tratamiento ha concluido, la atención al paciente no termina. El seguimiento posterior es una parte esencial de la experiencia del paciente. Asegurarse de que el paciente esté satisfecho con el resultado y verificar su bienestar después del tratamiento puede hacer que se sienta valorado y cuidado, además de aumentar las probabilidades de que vuelva al consultorio en el futuro.

Estrategias para un seguimiento eficaz:

1. **Contactos post-tratamiento**: Después de un tratamiento, especialmente si fue complejo o invasivo, es recomendable hacer un seguimiento telefónico o por correo electrónico para asegurarse de que el paciente se recupere correctamente y no tenga complicaciones. Esta atención adicional muestra un compromiso genuino con su salud y bienestar.

2. **Recordatorios de citas**: Los recordatorios de citas no solo son una cortesía, sino que también pueden ser una forma de demostrar que te importa que el paciente reciba el cuidado adecuado en el momento oportuno. Esto se puede hacer a través de mensajes de texto, correos electrónicos o incluso una llamada telefónica si se considera necesario.

3. **Encuestas de satisfacción**: Al concluir un tratamiento o después de un seguimiento, solicita retroalimentación mediante una encuesta de satisfacción. Preguntar al paciente cómo fue su experiencia y en qué áreas pueden mejorar les da la oportunidad de expresar sus opiniones y te brinda información valiosa para mejorar continuamente.

4. **Programa de fidelización**: Los programas de fidelización pueden ser una excelente manera de motivar a los pacientes a regresar. Ofrecer descuentos en futuras consultas o un servicio de "referencia" que premie a los pacientes por recomendar tu consultorio a amigos y familiares puede ayudar a mantener una relación a largo plazo con tus pacientes.

4. El Valor de la Experiencia del Paciente en la Creación de una Buena Reputación

Un paciente satisfecho no solo volverá, sino que también hablará positivamente de su experiencia a otras personas, ya sea a través del boca a boca o mediante reseñas en línea. Hoy en día, la reputación online es un factor determinante en el éxito de cualquier consultorio dental, y la experiencia del paciente juega un papel central en la construcción de esta reputación.

Cómo construir una buena reputación a través de la experiencia del paciente:

1. **Solicitar reseñas y testimonios**: Si un paciente está satisfecho con su experiencia, no dudes en pedirle que deje una reseña en Google o en tus redes sociales. Las reseñas positivas son una forma excelente de atraer nuevos pacientes. Además, los testimonios de pacientes satisfechos

ayudan a construir credibilidad y confianza en los futuros pacientes.

2. **Gestionar comentarios negativos**: Es inevitable que algunos pacientes no estén completamente satisfechos. Sin embargo, saber cómo manejar los comentarios negativos de manera profesional y constructiva es crucial. Asegúrate de responder rápidamente y ofrecer soluciones adecuadas para corregir cualquier inconveniente. La forma en que se resuelven estos problemas puede convertir una experiencia negativa en una oportunidad de fidelización.

3. **Crear contenido útil y educativo**: A través de un blog, videos informativos o en redes sociales, educar a tus pacientes sobre la importancia del cuidado dental, las opciones de tratamiento y la prevención puede mejorar su experiencia y establecerte como un experto confiable en el campo. El contenido educativo agrega valor a la relación paciente-consultorio, mejorando la percepción general.

4. **Eventos y actividades de comunidad**: Organizar eventos como charlas de prevención o actividades comunitarias puede hacer que los pacientes se sientan más conectados con tu consultorio y contigo como profesional. Esta interacción personal puede mejorar la fidelidad del paciente y generar recomendaciones dentro de su círculo social.

5. La Importancia de la Innovación en la Experiencia del Paciente

Los pacientes de hoy esperan un alto nivel de innovación, no solo en los tratamientos que reciben, sino también en la experiencia general. Incorporar tecnologías avanzadas en el consultorio, desde sistemas de gestión de citas hasta tratamientos más rápidos y menos invasivos, puede mejorar la experiencia del paciente y posicionarte como un líder en el campo.

Tecnologías clave para mejorar la experiencia del paciente:

1. **Citas en línea y recordatorios automáticos**: Los sistemas de programación de citas en línea permiten a los pacientes hacer citas de manera conveniente desde sus dispositivos móviles o computadoras. Además, los recordatorios automáticos a través de correo electrónico o mensajes de texto pueden reducir las ausencias y mejorar la organización.

2. **Tecnología de diagnóstico avanzada**: La implementación de tecnologías innovadoras, como las radiografías digitales o los escáneres intraorales, no solo mejora la precisión en los diagnósticos, sino que también muestra a los pacientes que tu consultorio está a la vanguardia de la odontología.

3. **Pagos fáciles y opciones sin contacto**: Ofrecer opciones de pago en línea o métodos sin contacto, como pagos con tarjeta o aplicaciones de pago móvil, puede mejorar la experiencia del paciente al hacer que el proceso sea rápido y conveniente.

El paciente debe ser tratado no solo como un sujeto clínico, sino como un cliente valioso que busca una experiencia de servicio de calidad en cada aspecto de su interacción con el consultorio. Desde el primer contacto hasta el seguimiento posterior, cada etapa de la experiencia del paciente es una oportunidad para fortalecer la relación y garantizar la satisfacción. Proporcionar una atención excepcional no solo contribuye a la salud y el bienestar de los pacientes, sino que también es esencial para el crecimiento y la reputación de tu consultorio dental.

5.2 Gestión de Citas y Tiempos: Optimización del Calendario para Evitar Retrasos, Cancelaciones y Maximizar la Eficiencia

La gestión eficiente de citas es uno de los aspectos clave para el éxito de un consultorio dental. Un calendario bien organizado no solo mejora la experiencia del paciente, sino que también optimiza la productividad del equipo y maximiza la rentabilidad del consultorio. La correctagestión de las citas permite evitar retrasos, cancelaciones y garantizar que cada momento de la jornada algunas estrategias clave para lograr una gestión de citas eficiente y maximizar el flujo de trabajo en el consultorio dental.

1. Implementación de un Sistema de Gestión de Citas Digital

En el contexto actual, un sistema de gestión de citas digital es una herramienta esencial para optimizar la programación. Estos sistemas permiten administrar las citas de manera más precisa y eficiente, evitando errores manuales y sobrecargas de trabajo. Algunos sistemas ofrecen características adicionales que pueden transformar la gestión del consultorio:

1. **Programación en línea**: Los pacientes pueden agendar sus citas de manera fácil y conveniente a través de una página web o una aplicación móvil, lo que reduce la carga administrativa y mejora la comodidad para los pacientes. Además, los pacientes pueden visualizar la disponibilidad

en tiempo real, lo que les permite elegir el horario que más les convenga.

2. **Recordatorios automáticos**: La configuración de recordatorios automáticos a través de mensajes de texto, correo electrónico o notificaciones en una aplicación móvil puede ayudar a reducir las ausencias. Estos recordatorios deben enviarse tanto al paciente como al personal del consultorio, idealmente, un día antes de la cita.

3. **Gestión de disponibilidad**: El sistema debe permitir bloquear tiempos específicos para descansos, reuniones o ajustes de horario. Esto evita sobrecargar a los dentistas o al personal con demasiadas citas y garantiza que se puedan mantener tiempos de descanso adecuados.

4. **Sincronización con otros sistemas**: Es importante que el sistema de gestión de citas esté vinculado con otros sistemas del consultorio, como el de facturación o el historial médico, para que se pueda acceder a toda la información relevante durante la cita.

2. Optimización del Tiempo entre Citas

La clave para un día laboral eficiente en un consultorio dental es optimizar el tiempo entre citas. Los pacientes deben ser atendidos de manera puntual, y el tiempo entre citas debe aprovecharse para realizar otras tareas o prepararse para la siguiente consulta.

Consejos para una programación eficiente:

1. **Bloques de tiempo adecuados**: Cada tratamiento dental requiere un tiempo específico, y el calendario debe reflejar esta variabilidad. Un emparejamiento adecuado de los

tiempos entre citas puede ayudar a evitar períodos de inactividad o apuros innecesarios. Por ejemplo, procedimientos rápidos como una limpieza dental podrían programarse en intervalos de 30 minutos, mientras que tratamientos más largos como endodoncias o cirugía pueden requerir tiempos de 1 hora o más.

2. **Tiempo de transición entre citas**: Debe incluirse un margen para imprevistos, como ajustes en el diagnóstico, ajustes de equipo o incluso las preguntas de última hora de los pacientes. Dejar 5 a 10 minutos entre citas puede ser suficiente para estas transiciones, reduciendo el estrés tanto para los dentistas como para los pacientes.

3. **Espacios para emergencias**: Aunque los pacientes deben ser programados en función de la demanda y los procedimientos rutinarios, es esencial reservar tiempo para emergencias o pacientes que necesiten ser atendidos con urgencia. Esto evita que el consultorio se sobrecargue cuando surjan problemas imprevistos.

3. Gestión de Cancelaciones y No-Show

Las cancelaciones y los pacientes que no se presentan a las citas (conocidos como "no-shows") son uno de los problemas más comunes que enfrentan los consultorios dentales. No solo generan pérdidas de ingresos, sino que también afectan la eficiencia del calendario. Gestionar estas situaciones de manera proactiva es crucial para minimizar su impacto.

Estrategias para reducir las cancelaciones y ausencias:

1. **Política clara de cancelación**: Es importante establecer una política de cancelación clara y comunicarla a los

pacientes al momento de agendar la cita. Muchas prácticas optan por una política que requiere que los pacientes cancelen o reprogramen con al menos 24 horas de antelación para evitar una tarifa de cancelación.

2. **Recordatorios previos**: Como se mencionó anteriormente, los recordatorios automáticos son una herramienta clave para reducir las ausencias. Estos recordatorios deben enviarse con suficiente anticipación para que los pacientes puedan cambiar sus citas si tienen algún inconveniente. Idealmente, los recordatorios deben enviarse al menos un día antes y, si es posible, un mensaje adicional unas horas antes de la cita.

3. **Seguimiento personalizado**: En ocasiones, los pacientes que no se presentan a las citas pueden no ser conscientes del impacto que esto tiene en su salud dental y en el negocio del consultorio. Un seguimiento telefónico o un correo personalizado que les recuerde la importancia de asistir a sus citas puede generar un sentido de responsabilidad y compromiso.

4. **Sistema de reservas con pago adelantado**: Algunas prácticas optan por un sistema de pago adelantado para nuevas citas, especialmente para procedimientos de mayor costo. Esto puede ayudar a reducir las cancelaciones, ya que los pacientes se comprometen a asistir debido a que ya han realizado un pago. Además, ofrece un flujo de efectivo más seguro para el consultorio.

4. Flexibilidad en la Programación

Aunque la eficiencia en la gestión del tiempo es importante, también es esencial que el consultorio sea lo suficientemente flexible para adaptarse a las necesidades de los pacientes. Ofrecer horarios de citas flexibles puede ser una ventaja competitiva, especialmente en el contexto actual, donde los pacientes valoran la conveniencia.

Cómo ofrecer una programación flexible:

1. **Citas fuera del horario habitual**: Algunos pacientes, especialmente aquellos con trabajos a tiempo completo o compromisos familiares, podrían no tener disponibilidad durante el horario normal de trabajo. Considera ofrecer citas por la tarde, los fines de semana o en horarios extendidos para atraer a más pacientes que, de otro modo, podrían no poder asistir.

2. **Citas urgentes**: En ocasiones, un paciente necesita atención dental urgente debido a un dolor, lesión o una complicación inesperada. Al contar con un espacio en el calendario para emergencias, puedes proporcionar atención inmediata sin afectar gravemente a las citas programadas. La opción de ofrecer citas urgentes dentro del día o incluso fuera de horas puede hacer que los pacientes confíen más en tu consultorio.

5. Maximización de la Eficiencia en el Consultorio

La eficiencia en la gestión de citas no solo implica el control del tiempo, sino también la optimización del uso de los recursos dentro del consultorio. Un calendario eficiente debe considerar todos los elementos del consultorio, desde los equipos y materiales hasta el personal disponible.

Claves para maximizar la eficiencia general:

1. **Sincronización de horarios entre los dentistas y el personal de apoyo**: Un aspecto importante es la programación de los horarios de los dentistas, higienistas y asistentes. Esto asegura que el consultorio funcione de manera fluida y que todo el personal esté disponible cuando sea necesario, evitando tiempos muertos.

2. **Uso eficiente de equipos y salas de tratamiento**: Asegúrate de que las citas se distribuyan de manera adecuada para evitar cuellos de botella en el uso de equipos y salas de tratamiento. Por ejemplo, no programar dos procedimientos que requieren el uso de equipos similares al mismo tiempo.

3. **Evaluación constante del rendimiento**: Es útil evaluar de manera regular cómo está funcionando el sistema de gestión de citas. Analizar el **número de cancelaciones**, los **tiempos de espera** y los **problemas recurrentes**puede proporcionar información sobre áreas que necesitan mejoras.

La gestión de citas es un aspecto fundamental para el éxito de cualquier consultorio dental. Optimizar el calendario, reducir cancelaciones, maximizar la eficiencia del tiempo y ofrecer una programación flexible son acciones que no solo mejoran la experiencia del paciente, sino que también optimizan el rendimiento del consultorio y aumentan la rentabilidad. Implementar las herramientas y estrategias adecuadas puede transformar significativamente la operación de tu consultorio, asegurando que tanto los pacientes como el equipo de trabajo se beneficien de una gestión de citas eficiente.

5.3 Fidelización del Paciente: Estrategias para Crear Relaciones Duraderas, Programas de Fidelización y Seguimiento Personalizado

La fidelización del paciente es una de las estrategias más efectivas para garantizar el éxito a largo plazo de un consultorio dental. Los pacientes satisfechos no solo regresan para sus consultas regulares, sino que también son más propensos a recomendar tu práctica a familiares y amigos. La fidelización no solo se basa en brindar un buen servicio clínico, sino en establecer relaciones personales y una experiencia positiva en cada punto de contacto con el consultorio. A continuación, exploraremos diversas estrategias para crear relaciones duraderas, implementar programas de fidelización y realizar un seguimiento personalizado para que los pacientes sigan eligiendo tu consultorio una y otra vez.

1. Creación de Relaciones Duraderas: La Base de la Fidelización

El primer paso para fidelizar a los pacientes es construir una relación de confianza desde la primera consulta. Los pacientes deben sentir que su bienestar es una prioridad, no solo en términos de su salud dental, sino también en cuanto a su experiencia general en el consultorio. La relación debe ir más allá de los tratamientos y servicios clínicos.

Elementos clave para crear relaciones duraderas:

1. **Comunicación constante y efectiva**: Una comunicación clara y abierta es esencial para establecer relaciones de confianza. Los pacientes deben sentir que se les escucha y que sus preocupaciones son tomadas en cuenta. No solo se

trata de explicar tratamientos, sino también de estar atentos a sus necesidades, dudas y expectativas. La comunicación también incluye la disponibilidad para responder a consultas fuera de la consulta, como a través de mensajes electrónicos, llamadas o incluso redes sociales.

2. **Empatía y trato personalizado**: Cada paciente es único, y cada visita representa una oportunidad para mostrar empatía y personalización. Recordar detalles sobre su vida, sus preocupaciones previas y sus preferencias puede ser tan simple como saludarles por su nombre y preguntarles sobre su bienestar. Este toque personal marca la diferencia en la experiencia global.

3. **Establecer confianza a largo plazo**: La confianza no se construye de la noche a la mañana. Un paciente confiará en tu habilidad y juicio solo si ve que se le trata con honestidad y profesionalismo. Siempre ofrece opciones de tratamiento claras y, si es posible, da recomendaciones basadas en lo que es mejor para el paciente, no solo en lo que resulta más rentable para el consultorio.

4. **Escuchar las inquietudes**: A menudo, los pacientes no solo van al consultorio por cuestiones clínicas, sino también por sus **miedos** o **ansiedades** sobre el tratamiento. Escuchar sus preocupaciones y ofrecer soluciones o explicaciones para aliviar su estrés es esencial para que se sientan comprendidos y cuidados.

2. Programas de Fidelización: Incentivar la Lealtad del Paciente

Los programas de fidelización son una excelente manera de premiar a los pacientes recurrentes y alentarlos a que sigan utilizando los servicios de tu consultorio. Estos programas pueden ser tan simples o elaborados como desees, pero deben estar diseñados para premiar la lealtad del paciente, incentivando tanto su regreso como su recomendación a otras personas.

Ideas para implementar un programa de fidelización eficaz:

1. **Sistema de puntos o recompensas**: Un programa de recompensas basado en puntos puede ser una forma divertida y efectiva de incentivar la lealtad. Por cada visita o tratamiento que un paciente realice, puede acumular puntos que luego pueden canjearse por descuentos, productos dentales gratuitos o incluso consultas adicionales sin costo.

2. **Descuentos en tratamientos futuros**: Ofrecer descuentos especiales o tarifas preferenciales a pacientes frecuentes, especialmente en servicios como blanqueamientos dentales, ortodoncia o chequeos regulares, puede incentivar su regreso a largo plazo.

3. **Ofertas exclusivas para pacientes referidos**: Los pacientes que refieren a nuevos pacientes pueden ser recompensados con beneficios exclusivos, como descuentos en su próxima consulta o un servicio gratuito. Este tipo de incentivo promueve tanto la lealtad del paciente actual como el crecimiento de la base de clientes.

4. **Aniversarios y cumpleaños**: Celebrar fechas importantes de los pacientes, como su **cumpleaños** o el aniversario de su primera visita al consultorio, es una forma sencilla de mostrar que te importa su relación con el consultorio. Puedes enviar un pequeño recordatorio, una tarjeta de

felicitación personalizada o incluso un descuento especial en su próxima visita.

5. **Descuentos por membresía**: Ofrecer una membresía anual que incluya ciertos servicios preventivos o de mantenimiento, como limpiezas dentales, exámenes o radiografías, puede ser una forma de incentivar a los pacientes a comprometerse con su salud dental a largo plazo. A cambio de su inversión, recibirán un paquete de servicios y beneficios exclusivos.

3. Seguimiento Personalizado: Asegurando la Continuidad del Cuidado

El seguimiento personalizado es uno de los aspectos más poderosos en la fidelización del paciente. A través de un seguimiento post-tratamiento adecuado, puedes asegurarte de que los pacientes se sientan cuidados y respaldados, lo que contribuye a su lealtad hacia tu consultorio. Además, el seguimiento demuestra que te importa el bienestar del paciente más allá de la consulta clínica inmediata.

Estrategias para un seguimiento personalizado eficaz:

1. **Llamadas o correos electrónicos de seguimiento**: Después de un procedimiento importante, como una cirugía o un tratamiento de ortodoncia, un seguimiento telefónico o un correo electrónico de cortesía puede ser fundamental para conocer cómo está evolucionando el paciente. Preguntar si está experimentando alguna molestia, si necesita orientación adicional o si tiene alguna pregunta acerca del tratamiento aumenta la satisfacción del paciente y la percepción de calidad del servicio.

2. **Recordatorios de citas de seguimiento**: Los pacientes pueden olvidar sus citas de seguimiento si no reciben un recordatorio adecuado. Utilizar sistemas de gestión de citas digitales para enviar recordatorios automáticos por correo electrónico o mensaje de texto unos días antes de la cita es una excelente manera de reducir las ausencias y garantizar la continuidad en el cuidado dental.

3. **Educación continua sobre el cuidado dental**: La educación continua del paciente también es un componente clave del seguimiento. Enviar boletines periódicos, correos electrónicos o recursos educativos sobre el cuidado dental adecuado, la prevención de enfermedades o la importancia de ciertos tratamientos puede demostrar que te importa su salud a largo plazo y no solo en el momento de la consulta.

4. **Asesoramiento personalizado sobre planes de tratamiento**: Si un paciente tiene un tratamiento a largo plazo, como ortodoncia o implantes dentales, un seguimiento cercano con recomendaciones personalizadas sobre los próximos pasos o ajustes es esencial para garantizar que el paciente complete todo el proceso. Esto también contribuye a que el paciente se sienta apoyado y bien atendido.

5. **Encuestas de satisfacción**: Al concluir el tratamiento, es útil pedir a los pacientes que completen una **encuesta de satisfacción**. Esto te permitirá saber qué aspectos de la experiencia han sido positivos y qué áreas necesitan mejora. Las encuestas también brindan una excelente oportunidad para que los pacientes den feedback sobre su experiencia y para mostrarles que su opinión realmente importa.

4. Utilización de Tecnología para Mejorar la Fidelización

El uso de tecnologías digitales puede facilitar enormemente el proceso de fidelización, tanto en términos de comunicación como de gestión de datos. Las herramientas tecnológicas permiten personalizar la experiencia del paciente y asegurarte de que cada paciente reciba la atención adecuada en cada etapa de su tratamiento.

Tecnologías para potenciar la fidelización:

1. **Aplicaciones móviles del consultorio**: Algunas prácticas están adoptando aplicaciones móviles personalizadas que permiten a los pacientes reservar citas, pagar facturas, acceder a su historial de salud y recibir recomendaciones de tratamiento o recordatorios de citas. Estas aplicaciones pueden fortalecer la relación con el paciente al brindarles control y acceso rápido a su atención dental.

2. **Plataformas de seguimiento automatizadas**: Utilizar software que automatice el seguimiento post-tratamiento, los recordatorios de citas y las campañas de fidelización puede ayudar a que los pacientes no se sientan olvidados después de su visita. Además, este tipo de plataformas te permite gestionar de manera más eficiente las relaciones con los pacientes.

3. **Redes sociales y marketing digital**: Las redes sociales ofrecen una forma excelente de mantener una relación constante con los pacientes, mostrándoles actualizaciones, consejos, historias de éxito y contenidos educativos. Los pacientes se sienten conectados a través de estas plataformas y, al mismo tiempo, pueden compartir su

experiencia con amigos y familiares, lo que aumenta las posibilidades de referencia.

La fidelización del paciente es un proceso continuo que va más allá de ofrecer buenos servicios dentales. Implica crear relaciones genuinas basadas en la confianza, el respeto y la atención personalizada, complementadas con programas de fidelización que premien la lealtad de los pacientes y un seguimiento constante para garantizar que se sientan valorados a largo plazo. Invertir en estos aspectos no solo aumentará la satisfacción del paciente, sino que también fomentará un flujo constante de pacientes recurrentes, recomendaciones y crecimiento sostenido para tu consultorio. La fidelización no es solo una estrategia de negocio, sino un compromiso con el bienestar y la salud de cada paciente que elijas cuidar.

VI

Tecnología y Herramientas Empresariales: Innovación en la Odontología para Mejorar la Calidad y Eficiencia del Servicio

La tecnología ha transformado muchos aspectos de nuestra vida diaria, y la odontología no es una excepción. A medida que la innovación continúa avanzando, los consultorios dentales tienen acceso a herramientas y equipos de última generación que no solo mejoran la calidad de los tratamientos, sino que también optimizan la eficiencia del consultorio y mejoran la experiencia del paciente. En esta sección, exploraremos cómo las tecnologías en odontología han revolucionado la forma en que los dentistas operan y cómo las herramientas empresariales pueden ayudar a mejorar la gestión y productividad del consultorio.

1. Innovación en los Tratamientos Odontológicos: Mejorando la Calidad del Servicio

Las tecnologías en odontología permiten realizar diagnósticos más precisos, realizar tratamientos más rápidos y cómodos para los pacientes, y ofrecer resultados de mayor calidad. Los avances en equipos y técnicas no solo mejoran la precisión de los procedimientos, sino que también hacen que la experiencia del paciente sea más segura, rápida y menos invasiva.

Principales tecnologías en odontología:

1. **Radiografías digitales**: Las **radiografías digitales** han reemplazado a las radiografías tradicionales, ofreciendo varias ventajas. Proporcionan imágenes más claras y detalladas, lo que ayuda a los dentistas a identificar problemas como caries, infecciones y fracturas de manera más precisa. Además, la exposición a la radiación es significativamente menor, lo que la hace más segura para los pacientes. Las imágenes digitales también se pueden almacenar fácilmente y compartir con otros especialistas si es necesario, mejorando la colaboración entre los profesionales de la salud.

2. **Cámaras intraorales**: Las **cámaras intraorales** permiten capturar imágenes detalladas de la boca y los dientes de los pacientes, lo que facilita el diagnóstico y la explicación de los tratamientos a los pacientes. Ver las imágenes en tiempo real permite a los dentistas observar áreas difíciles de alcanzar, como las muelas del juicio o los dientes posteriores. Además, los pacientes pueden ver estas imágenes en la pantalla y comprender mejor su situación dental.

3. **Sistemas de planificación y simulación digital**: Las herramientas de planificación digital para tratamientos como la ortodoncia o los implantes dentales permiten simular y planificar los procedimientos antes de realizarlos. Estos sistemas, como el CAD/CAM (Diseño y Fabricación Asistida por Computadora), pueden crear modelos digitales precisos de la boca del paciente, lo que mejora la precisión de los tratamientos y reduce los tiempos de intervención.

4. **Impresión 3D**: La **impresión 3D** en odontología ha abierto nuevas posibilidades en la creación de prótesis, coronas, puentes e incluso modelos de estudio. Esta tecnología permite personalizar cada pieza dental de manera precisa y rápida, lo que mejora tanto la calidad como la eficiencia de los tratamientos. Los pacientes pueden recibir sus prótesis de manera más rápida y con mayor comodidad.

5. **Láseres dentales**: Los **láseres dentales** se están utilizando cada vez más en una variedad de procedimientos, desde el tratamiento de caries hasta el blanqueamiento dental y la eliminación de tejido blando. Esta tecnología ofrece la ventaja de ser menos invasiva, más precisa y más rápida que los métodos tradicionales, lo que también reduce el tiempo de recuperación para el paciente.

6. **Sistemas de esterilización avanzada**: La esterilización es un aspecto crítico de la odontología, y los avances en esta área han permitido una mayor seguridad para los pacientes. Los sistemas de esterilización avanzada, como los autoclaves de alta presión y tecnología UV, garantizan que los instrumentos se desinfecten de manera efectiva, reduciendo el riesgo de infecciones cruzadas.

2. Herramientas Empresariales para Gestionar el Consultorio de Forma Eficiente

Además de las tecnologías clínicas, las herramientas empresariales pueden ser igual de valiosas para mejorar la gestión y operación del consultorio. La digitalización de los procesos administrativos y operativos es fundamental para optimizar el flujo de trabajo, reducir el tiempo dedicado a tareas manuales y mejorar la eficiencia general del consultorio.

Principales herramientas empresariales para mejorar la gestión:

1. **Sistemas de gestión dental (software de gestión de consultorios)**: Los sistemas de gestión dental son programas diseñados para optimizar la administración de un consultorio. Estos sistemas permiten gestionar citas, realizar facturación, llevar un registro de los historiales médicos de los pacientes y mantener un control de las cuentas por cobrar. Además, muchos sistemas permiten integrar las radiografías y otros documentos digitales, lo que facilita el acceso a toda la información relevante en un solo lugar. Entre las ventajas de estos sistemas, destacan la automatización de tareas, la mejora en la organización y la reducción de los errores administrativos.

2. **Gestión de citas online**: Implementar una plataforma de gestión de citas online no solo facilita que los pacientes reserven sus consultas de manera autónoma, sino que también ayuda a reducir el trabajo administrativo del personal. Los pacientes pueden elegir su horario disponible, lo que aumenta la eficiencia del consultorio y disminuye el número de cancelaciones o ausencias. Además, estas

plataformas suelen enviar recordatorios automáticos a los pacientes para reducir el riesgo de olvidos.

3. **Facturación electrónica y pagos online**: La facturación electrónica es una herramienta crucial para modernizar los procesos administrativos. Este sistema permite generar y enviar facturas de manera rápida, eficiente y segura. Además, muchos sistemas permiten integrar páginas de pago online, lo que permite a los pacientes pagar sus facturas electrónicamente. Esto no solo mejora la experiencia del paciente al simplificar el proceso de pago, sino que también mejora el flujo de caja del consultorio.

4. **Análisis de datos y reportes financieros**: Las herramientas de análisis de datos proporcionan información clave sobre el rendimiento del consultorio. Estas herramientas permiten realizar reportes financieros detallados, monitorear los costos operativos, y realizar un seguimiento de los ingresos y egresos. Tener acceso a estos datos permite tomar decisiones más informadas y estratégicas sobre el crecimiento y la sostenibilidad del negocio.

5. **Plataformas de marketing digital**: Las plataformas de marketing digital son fundamentales para atraer nuevos pacientes y mantener la visibilidad en el mercado. Sistemas de gestión de redes sociales y herramientas de SEO (optimización de motores de búsqueda) permiten mejorar la presencia online del consultorio, posicionarse en los primeros lugares de búsqueda y generar campañas publicitarias efectivas. Además, herramientas de email marketing pueden ser utilizadas para enviar promociones, recordatorios de citas y contenido educativo a los pacientes, lo que también fortalece la relación con ellos.

6. **Sistemas de gestión de inventarios**: La gestión de inventarios es una parte esencial de la administración de un consultorio dental. Un sistema eficiente de gestión de inventarios permite monitorear y controlar el stock de materiales dentales, como resinas, guantes, agujas y otros insumos. La automatización del control de inventarios evita el desabastecimiento de materiales y garantiza que el consultorio nunca se quede sin los suministros necesarios.

7. **Teleodontología**: Con el auge de la telemedicina, la teleodontología ha ganado popularidad. Esta herramienta permite realizar consultas a distancia, ofreciendo a los pacientes la oportunidad de recibir consejos y diagnóstico preliminares sin tener que acudir al consultorio. La teleodontología puede ser especialmente útil para realizar seguimientos post-tratamiento, responder preguntas comunes o gestionar situaciones de emergencia que no requieren una visita presencial.

3. Impacto de la Tecnología en la Eficiencia y Rentabilidad del Consultorio

La incorporación de tecnología no solo mejora la calidad de la atención, sino que también tiene un impacto directo en la eficiencia y rentabilidad del consultorio. Al reducir el tiempo dedicado a tareas manuales y aumentar la precisión de los diagnósticos y tratamientos, los dentistas pueden atender a más pacientes en menos tiempo y con mayores niveles de satisfacción.

Cómo la tecnología mejora la rentabilidad:

1. **Reducción de errores y costos operativos**: Las herramientas digitales, como los sistemas de gestión y las radiografías digitales, reducen los errores humanos y los

costos asociados con la repetición de pruebas o procedimientos incorrectos. Esto mejora la precisión del diagnóstico y reduce la necesidad de revisitas, lo que se traduce en ahorros para el consultorio y mayor satisfacción del paciente.

2. **Mayor productividad**: La automatización de tareas administrativas, como la programación de citas, la facturación y la gestión de inventarios, reduce el tiempo que el personal dedica a estas tareas, permitiéndoles centrarse más en la atención al paciente. Esto puede aumentar la productividad del consultorio, permitiendo a los dentistas atender a más pacientes y generar mayores ingresos.

3. **Mejor servicio al paciente**: La tecnología mejora la experiencia del paciente al hacer que el proceso de consulta y tratamiento sea más rápido, preciso y cómodo. Los pacientes satisfechos no solo son más propensos a regresar, sino que también son más propensos a recomendar el consultorio a otros, lo que ayuda a aumentar la base de pacientes.

Las tecnologías en odontología y las herramientas empresariales son fundamentales para el éxito a largo plazo de un consultorio dental. Desde la mejora de la calidad del tratamiento hasta la optimización de la gestión administrativa, la tecnología ayuda a reducir costos, aumentar la eficiencia y mejorar la experiencia del paciente. Adoptar y adaptarse a la innovación tecnológica no solo facilita la operación diaria del consultorio, sino que también posiciona al dentista como un líder en el sector, capaz de ofrecer servicios de vanguardia y mantener una ventaja competitiva en un mercado cada vez más demandante.

6.2 Software de Gestión Dental: Optimización de la Administración del Consultorio

En la actualidad, los dentistas tienen a su disposición diversas herramientas tecnológicas para mejorar la eficiencia de su consultorio, y uno de los elementos más importantes en este sentido es el software de gestión dental. Estos sistemas integrados permiten administrar de manera centralizada diversas funciones del consultorio, como la programación de citas, el historial clínico de los pacientes, la facturación y la comunicación. En un entorno donde el tiempo y la organización son clave, un software adecuado puede marcar una gran diferencia, no solo en términos de eficiencia operativa, sino también en la experiencia del paciente.

1. Funciones Principales del Software de Gestión Dental

Los software de gestión dental modernos están diseñados para facilitar tareas administrativas y clínicas, mejorando la productividad y asegurando un flujo de trabajo más fluido. A continuación, se detallan algunas de las funciones más destacadas de estos sistemas:

a) Gestión de Citas y Calendario

La gestión de citas es una de las tareas más críticas en cualquier consultorio dental, ya que puede afectar directamente la productividad y la experiencia del paciente. Los software de gestión permiten optimizar esta área mediante funcionalidades como:

- **Agendas electrónicas**: Los dentistas pueden visualizar fácilmente su agenda diaria, semanal o mensual y programar citas en tiempo real, sin la necesidad de depender de los métodos tradicionales de papel. Esto elimina el riesgo de dobles reservas y facilita la organización de tiempos.

- **Recordatorios automáticos**: Los pacientes pueden recibir recordatorios automáticos de sus citas a través de correo electrónico o mensajes de texto, reduciendo la cantidad de citas canceladas o no presentadas.
- **Sistemas de reservas online**: Muchos sistemas permiten a los pacientes **agendar sus citas** de manera autónoma a través de una plataforma online, lo que reduce la carga administrativa del personal y ofrece comodidad a los pacientes.
- **Control de disponibilidad**: Los dentistas y su equipo pueden gestionar en tiempo real la disponibilidad de los profesionales, asegurando que las citas se asignen de manera eficiente y sin generar sobrecargas.

b) Historial Clínico del Paciente

Uno de los aspectos más importantes de la gestión de un consultorio es mantener un registro detallado y organizado del historial clínico de cada paciente. El software de gestión dental permite centralizar y digitalizar toda la información médica relevante, lo que facilita el acceso rápido y preciso a los datos.

- **Historial médico digital**: El software permite almacenar de manera digital el historial médico de los pacientes, incluyendo diagnósticos, tratamientos realizados, radiografías y otros documentos médicos importantes. Esto no solo mejora la eficiencia, sino que también elimina el riesgo de pérdida de registros en papel.

- **Seguimiento de tratamientos**: Con el software, el dentista puede hacer un seguimiento detallado de cada uno de los tratamientos de los pacientes, lo que permite personalizar las consultas y ofrecer un enfoque más adecuado a cada situación clínica.
- **Acceso remoto y seguro**: Algunos sistemas de gestión permiten a los dentistas acceder a los historiales médicos de los pacientes de forma remota, garantizando la seguridad de la información y facilitando la consulta en situaciones de urgencia o cuando se requiere la colaboración con otros profesionales.

c) Facturación y Gestión de Pagos

La facturación eficiente es fundamental para la rentabilidad de cualquier consultorio dental. Los software de gestión facilitan todo el proceso relacionado con los pagos y las finanzas del consultorio, incluyendo:

- **Facturación electrónica**: Los sistemas de gestión dental permiten generar facturas electrónicas, lo que agiliza el proceso de cobro y asegura que se cumplan las normativas fiscales. Además, la facturación digital elimina los errores asociados con el manejo manual de documentos.
- **Gestión de cuentas por cobrar**: El software puede realizar un seguimiento de las **cuentas por cobrar** y alertar a los dentistas cuando los pagos estén pendientes o cuando un paciente no haya pagado dentro del plazo acordado.
- **Pagos en línea**: Muchos sistemas permiten integrar plataformas de pago en línea, lo que facilita a los pacientes abonar sus consultas o tratamientos de manera rápida y cómoda.
- **Informes financieros**: El software de gestión permite generar informes financieros detallados, lo que ayuda al dentista a llevar un control claro de los ingresos y gastos del

consultorio. Esta información es crucial para tomar decisiones informadas sobre el futuro del negocio.

d) Comunicación con los Pacientes

La **comunicación** efectiva con los pacientes es esencial para asegurar su satisfacción y fidelización. Los sistemas de gestión dental integran diversas herramientas de comunicación que mejoran la interacción con los pacientes:

- **Recordatorios y confirmaciones de citas**: Como mencionamos anteriormente, el software puede enviar automáticamente recordatorios de citas a los pacientes, lo que ayuda a reducir ausencias y aumentar la tasa de retención.
- **Comunicaciones personalizadas**: Algunos sistemas permiten enviar mensajes personalizados a los pacientes, como promociones, recomendaciones de salud dental o recordatorios de exámenes periódicos.
- **Seguimiento post-tratamiento**: El software también facilita el seguimiento de los pacientes después de un procedimiento. Los dentistas pueden enviar mensajes de agradecimiento o verificar cómo están evolucionando después del tratamiento, lo que refuerza la relación con el paciente y mejora su experiencia.

2. Ventajas del Uso del Software de Gestión Dental

El uso de un software de gestión dental no solo mejora la eficiencia operativa, sino que también proporciona una serie de ventajas significativas tanto para los dentistas como para los pacientes:

a) Mayor Eficiencia Administrativa

La automatización de tareas administrativas como la gestión de citas, facturación y registro de pacientes reduce considerablemente el tiempo que el personal dedica a estas tareas. Esto permite que el equipo se enfoque en lo que realmente importa: proporcionar atención de calidad a los pacientes.

b) Reducción de Errores Humanos

Los sistemas electrónicos minimizan los errores que pueden ocurrir con el manejo manual de registros, facturas o agendas. La digitalización de la información asegura una mayor precisión en los datos y la reducción de confusiones.

c) Mejora en la Experiencia del Paciente

El acceso rápido a la información, la posibilidad de reservar citas en línea, los recordatorios automáticos y el seguimiento personalizado contribuyen a una experiencia más fluida y cómoda para el paciente. Esto, a su vez, aumenta la satisfacción del paciente y fomenta su lealtad.

d) Optimización del Tiempo

El software de gestión dental permite a los dentistas optimizar el uso de su tiempo, eliminando la necesidad de realizar tareas manuales repetitivas. Los dentistas pueden centrarse más en la atención clínica y en la mejora de sus habilidades profesionales.

e) Seguridad y Cumplimiento Normativo

El software de gestión dental cumple con las normativas de privacidad y seguridad, asegurando que la información médica y financiera de los pacientes esté protegida. Además, algunos sistemas están diseñados para cumplir con las regulaciones fiscales y de salud, lo que facilita el cumplimiento de las normativas vigentes.

3. Consideraciones al Elegir un Software de Gestión Dental

Es importante tener en cuenta varios factores al elegir un software de gestión dental para tu consultorio:

- **Facilidad de uso**: El sistema debe ser intuitivo y fácil de usar para ti y para tu equipo. Un software complejo puede generar confusión y retrasos innecesarios.
- **Soporte técnico**: Asegúrate de que el proveedor del software ofrezca soporte técnico oportuno en caso de problemas o dudas.
- **Escalabilidad**: Si planeas expandir tu consultorio o incorporar nuevas especialidades, el software debe ser flexible y escalable para adaptarse al crecimiento de tu práctica.
- **Integración con otras herramientas**: Verifica que el software se integre bien con otras herramientas que puedas estar utilizando, como sistemas de pago en línea, programas de contabilidad o equipos de diagnóstico.
- **Costo**: Evalúa el costo del software y determina si se ajusta a tu presupuesto. Ten en cuenta tanto la inversión inicial como los costos recurrentes de mantenimiento y actualización.

El software de gestión dental es una herramienta clave para cualquier consultorio odontológico moderno. No solo facilita las tareas administrativas, sino que también contribuye a la mejora del servicio al paciente, la eficiencia operativa y la rentabilidad del negocio. Invertir en un buen software puede marcar la diferencia entre un consultorio caótico y uno organizado y exitoso, permitiendo que los dentistas ofrezcan la mejor atención posible mientras gestionan eficientemente su práctica.

6.3 Automatización y Digitalización: Herramientas para la Eficiencia y Reducción de Errores en el Consultorio Dental

En el mundo empresarial actual, la automatización y digitalización son factores clave que permiten a las empresas mantenerse competitivas, mejorar la eficiencia operativa y reducir el riesgo de errores humanos. Este principio no es diferente cuando se aplica a la gestión de un consultorio dental. De hecho, en un entorno tan dinámico y orientado al servicio al cliente como la odontología, la automatización de procesos y la digitalización de la información pueden ser un verdadero cambio de juego.

La incorporación de tecnologías avanzadas no solo mejora la calidad del servicio que se brinda a los pacientes, sino que también permite que el equipo dental opere con mayor rapidez y precisión, optimizando el tiempo y reduciendo costos innecesarios. A continuación, profundizamos en algunas de las herramientas y estrategias más efectivas para integrar la automatización y la digitalización en la operación diaria de un consultorio dental.

1. Automatización en la Gestión de Citas

La gestión de citas es uno de los aspectos más importantes de un consultorio dental, pero también es uno de los que más tiempo consume. La automatización en este proceso es fundamental para mejorar la eficiencia operativa y evitar errores. Hoy en día, existen herramientas que permiten a los pacientes agendar, reprogramar o cancelar sus citas de forma automática y en tiempo real.

a) Reservas Automáticas en Línea

Implementar un sistema de reservas en línea para tu consultorio dental puede liberar a tu equipo de tareas administrativas repetitivas. Con estas herramientas, los pacientes pueden ver la disponibilidad de los dentistas y elegir el horario que más les convenga sin intervención del personal. Esto no solo reduce los errores humanos como la doble programación de citas, sino que también mejora la experiencia del paciente al ofrecerles mayor comodidad y flexibilidad.

b) Recordatorios Automáticos

Los recordatorios automáticos son otra forma efectiva de reducir ausencias y cancelaciones. Estos sistemas envían notificaciones a los pacientes a través de correo electrónico, mensajes de texto o aplicaciones móviles, recordándoles su cita antes de la fecha. La automatización de este proceso no solo mejora la puntualidad, sino que también reduce el riesgo de pérdidas de tiempo y recursos debido a la falta de presentación de los pacientes.

2. Digitalización del Historial Clínico

Uno de los grandes avances en la odontología moderna ha sido la digitalización del historial clínico del paciente. Al sustituir los registros en papel por historiales electrónicos, los dentistas pueden acceder a la información clínica de manera más rápida, precisa y segura, mejorando la eficiencia del servicio.

a) Acceso Rápido y Seguro

La digitalización de los datos médicos permite a los dentistas y al personal autorizado acceder a la información del paciente de manera inmediata y remota. Esto no solo mejora la rapidez de la atención durante las consultas, sino que también facilita la colaboración entre profesionales, ya que la información puede compartirse entre diferentes miembros del equipo sin la necesidad de transferir documentos físicos.

b) Reducción de Errores en el Registro

Los errores humanos asociados con la escritura manual y el manejo de papeles se reducen drásticamente al digitalizar los historiales médicos. Los sistemas de historiales electrónicos permiten la actualización en tiempo real de la información, la integración con otras herramientas de diagnóstico y el acceso a alertas sobre tratamientos pasados, lo que minimiza los riesgos de errores y mejora la seguridad del paciente.

c) Cumplimiento con la Regulación

Además, muchas herramientas digitales están diseñadas para cumplir con los estándares legales y éticos en cuanto a privacidad y seguridad de la información del paciente. Esto incluye el cumplimiento con leyes como la HIPAA en EE. UU. o la normativa GDPR en Europa, lo que garantiza que los datos del paciente estén protegidos frente a accesos no autorizados.

3. Automatización de la Facturación y Cobros

El proceso de facturación y cobros es una parte fundamental del día a día de un consultorio dental, y automatizar estos procesos puede ser una gran ventaja. La automatización no solo acelera el proceso, sino que también reduce los errores que pueden ocurrir durante la creación de facturas o la gestión de pagos.

a) Facturación Electrónica

Los software de gestión dental permiten crear facturas electrónicas de manera automática tan pronto como se finaliza un tratamiento. Estos sistemas eliminan la necesidad de generar facturas manualmente y garantizan que todos los detalles necesarios (como los códigos de procedimiento, el monto, los descuentos, etc.) estén correctamente reflejados.
Además, algunos sistemas permiten integrar directamente con plataformas de pagos electrónicos, lo que permite a los pacientes pagar en línea de manera rápida y segura, mejorando la experiencia del usuario y acelerando el proceso de cobro.

b) Seguimiento de Pagos y Deudas

Otro beneficio de la automatización en la facturación es la capacidad de realizar un seguimiento automático de las cuentas por cobrar. El sistema puede enviar alertas cuando un paciente tiene un saldo pendiente o cuando un pago no se ha realizado en el tiempo acordado. Esto reduce la carga administrativa y garantiza que las finanzas del consultorio estén siempre al día.

c) Informes Financieros Automáticos

El uso de sistemas automatizados también facilita la generación de informes financieros en tiempo real. Estos informes proporcionan una visión clara de los ingresos, gastos, y otros aspectos financieros del consultorio, lo que facilita la toma de decisiones informadas sobre el futuro del negocio y ayuda a los dentistas a cumplir con las normativas fiscales.

4. Uso de Equipos y Tecnología de Diagnóstico Digital

En la odontología moderna, la incorporación de equipos de diagnóstico digital y tecnología avanzada no solo mejora la precisión de los diagnósticos, sino que también optimiza los procesos y reduce el riesgo de errores humanos. Herramientas como radiografías digitales, impresoras 3D y escáneres intraorales permiten realizar diagnósticos más rápidos y detallados, reduciendo la necesidad de procesos manuales largos y mejorando la calidad del tratamiento.

a) Radiografías Digitales

Las radiografías digitales han revolucionado la odontología al proporcionar imágenes de alta resolución en segundos, eliminando la necesidad de revelado químico y reduciendo el tiempo de espera para los pacientes. Además, estas imágenes pueden almacenarse en el sistema de gestión dental y compartirse fácilmente con otros especialistas o aseguradoras, sin necesidad de manipular películas.

b) Escáneres Intraorales y Modelos 3D

Los escáneres intraorales permiten capturar imágenes tridimensionales de la boca del paciente sin necesidad de tomar moldes convencionales. Esto reduce el tiempo y las molestias para los pacientes, mejora la precisión en la elaboración de prótesis y alineadores, y elimina errores asociados con los moldes tradicionales.

5. Comunicación Automatizada con los Pacientes

La comunicación eficiente con los pacientes es clave para mantener relaciones a largo plazo y asegurar su satisfacción. Automatizar los procesos de comunicación con los pacientes puede mejorar la eficiencia del consultorio y fomentar una experiencia más positiva.

a) Recordatorios y Confirmaciones de Cita

A través de sistemas automáticos, los pacientes pueden recibir recordatorios de citas y confirmar su asistencia sin intervención manual. Este proceso reduce la posibilidad de ausencias y mejora la puntualidad en las consultas, lo que optimiza el flujo de trabajo del consultorio.

b) Encuestas de Satisfacción Automatizadas

Al final de un tratamiento, las encuestas de satisfacción automatizadas permiten obtener feedback valioso de los pacientes para mejorar los servicios. Los sistemas pueden enviar automáticamente una encuesta a través de correo electrónico o mensaje de texto, proporcionando información sobre la calidad del servicio, la atención recibida, y cualquier área que pueda mejorar.

c) Mensajes Personalizados

El envío de mensajes personalizados de seguimiento, recordatorios de revisiones periódicas, o incluso de agradecimiento por la consulta, contribuye a fortalecer la relación con los pacientes, fomentando su lealtad y satisfacción.

La automatización y digitalización de procesos administrativos y clínicos en un consultorio dental no solo mejora la eficiencia operativa, sino que también reduce los errores humanos y optimiza la experiencia del paciente. Implementar estas herramientas tecnológicas puede transformar un consultorio dental, aumentando su rentabilidad, mejorando el servicio y asegurando que los dentistas y su equipo puedan concentrarse en lo más importante: ofrecer atención de calidad. La clave está en seleccionar las herramientas adecuadas que se adapten a las necesidades específicas del consultorio, para así maximizar los beneficios a largo plazo.

VII

Cumplimiento Normativo y Aspectos Legales en la Gestión de un Consultorio Dental en México

El cumplimiento de las normativas y regulaciones del sector dental es fundamental para el éxito y la legalidad de cualquier consultorio odontológico en México. Las leyes y regulaciones en la odontología no solo garantizan la seguridad y el bienestar de los pacientes, sino que también protegen a los profesionales de la odontología de posibles riesgos legales, laborales o administrativos. Es esencial que los dentistas conozcan y respeten estas normativas para operar de manera eficiente y cumplir con los requisitos establecidos por las autoridades.

A continuación, se abordarán los aspectos clave del cumplimiento normativo en el sector dental en México, incluyendo los requisitos legales, las licencias necesarias, las normativas de salud y cómo asegurarse de cumplir con ellas para mantener la integridad y legalidad de un consultorio dental.

7.1 Requisitos Legales para Operar un Consultorio Dental en México

Para que un consultorio dental funcione de manera legal en México, es necesario cumplir con una serie de requisitos legales que aseguren la correcta operación y el cumplimiento con las autoridades sanitarias y fiscales. Entre los aspectos clave a tener en cuenta se incluyen:

a) Registro ante la Secretaría de Salud

Uno de los primeros pasos para operar legalmente un consultorio dental en México es registrar el consultorio ante la Secretaría de Salud (SSa). Este registro es necesario para garantizar que las instalaciones cumplan con los estándares de seguridad, higiene y calidad requeridos por las autoridades sanitarias del país.

El registro ante la SSa se realiza en el Sistema de Información de Establecimientos de Salud (SIES), y es obligatorio que el consultorio esté registrado en este sistema para poder operar legalmente. Además, es importante contar con el cumplimiento de las normativas sanitarias que incluyen el control de residuos, la esterilización de equipos, y la seguridad general del consultorio.

b) Licencias y Permisos Locales

A nivel local, también es posible que se requiera la licencia de funcionamiento que debe obtenerse en el municipio o delegación correspondiente. Este trámite garantiza que el consultorio cumple con las normativas urbanísticas y de seguridad establecidas por la localidad. En algunos casos, la autorización de uso de suelo es también un requisito, especialmente si se cambia el uso de un local para convertirlo en consultorio dental.

c) Licencia Profesional del Odontólogo

Además de la licencia para operar el consultorio, es obligatorio que los dentistas que trabajen en el consultorio cuenten con la cédula profesional que los habilite para ejercer la odontología en México. La cédula profesional es un documento emitido por la Dirección General de Profesiones (DGP) de la Secretaría de Educación Pública (SEP), que certifica que el dentista ha completado su formación académica y ha aprobado los requisitos para ejercer la profesión.

Además, para algunos procedimientos especializados, puede ser necesario contar con una certificación adicional que demuestre la especialización del dentista en un área concreta de la odontología, como ortodoncia o cirugía maxilofacial.

2. Normativas de Salud en el Consultorio Dental

El sector de la salud en México, y particularmente el área odontológica, está altamente regulado debido a la naturaleza de los servicios prestados y la responsabilidad que tienen los profesionales de la salud. Cumplir con las normativas de salud es crucial para garantizar la calidad del servicio y la seguridad de los pacientes. Las principales regulaciones a seguir incluyen:

a) Normas Oficiales Mexicanas (NOMs)

Las **Normas Oficiales Mexicanas (NOMs)** son las regulaciones técnicas que dictan las condiciones mínimas de seguridad y calidad que deben cumplir los servicios de salud en México. Existen varias NOMs específicas para los servicios odontológicos, entre las que destacan:

- **NOM-168-SSA1-1998**: Establece los requisitos para los servicios de odontología, incluyendo la infraestructura, la calidad del servicio, el manejo de residuos y las condiciones sanitarias de los consultorios.

- **NOM-087-SSA1-2002**: Regula las prácticas de esterilización en los consultorios odontológicos, asegurando que los instrumentos y equipos utilizados estén completamente desinfectados y libres de microorganismos que puedan poner en riesgo la salud de los pacientes.

- **NOM-109-SSA1-1994**: Regula el control y manejo de los residuos biológicos y peligrosos generados en consultorios y clínicas odontológicas, como las jeringas, agujas y otros materiales contaminados.

Cumplir con estas normas es esencial para garantizar la seguridad y el bienestar de los pacientes y para evitar sanciones o problemas legales en el futuro.

b) Control de Infecciones y Esterilización

La esterilización de los instrumentos dentales es uno de los aspectos más importantes en la odontología, ya que el contacto directo con fluidos corporales y el uso de instrumentos afilados puede presentar riesgos de contagio de enfermedades. Para ello, se deben seguir los procedimientos establecidos en la **NOM-087-SSA1-2002**, que incluye:

- Esterilización por autoclave, que debe garantizar la eliminación de cualquier microorganismo en los instrumentos.
- Manejo adecuado de los materiales de un solo uso, que deben ser desechados de forma segura tras su utilización.
- Realización de pruebas periódicas de calibración y mantenimiento de los equipos de esterilización para asegurar que cumplan con las normativas de seguridad.

c) Protección Radiológica

Los equipos de rayos X utilizados en odontología están regulados por la NOM-229-SSA1-2002, que establece las normas de protección radiológica tanto para los pacientes como para el personal del consultorio. Esto incluye la calibración de los equipos y el uso de medidas de protección, como delantales de plomo y escudos para la tiroides, para minimizar la exposición a la radiación.

3. Aspectos Fiscales y Laborales

Además de las normativas sanitarias y de salud, los consultorios dentales deben cumplir con diversas regulaciones fiscales y laborales para operar correctamente.

a) Registro ante el Servicio de Administración Tributaria (SAT)

Todo consultorio dental debe estar registrado en el Servicio de Administración Tributaria (SAT) como contribuyente. Esto implica obtener un RFC (Registro Federal de Contribuyentes) y cumplir con las obligaciones fiscales que incluyen la declaración de impuestos y la facturación electrónica.

Es importante que el consultorio cumpla con las regulaciones fiscales, como el Pago del Impuesto sobre la Renta (ISR), el Impuesto al Valor Agregado (IVA) y otros impuestos locales, si corresponden. Además, se deben llevar de manera ordenada los registros contables y emitir facturas electrónicas a los pacientes de acuerdo con las disposiciones del SAT.

b) Seguro Social y Obligaciones Laborales

Si el consultorio tiene empleados, como asistentes, higienistas u otros profesionales, es necesario cumplir con las obligaciones laborales. Esto incluye el registro de los empleados en el Instituto Mexicano del Seguro Social (IMSS)para que reciban la cobertura de salud y las prestaciones correspondientes.

El consultorio debe cumplir con las disposiciones sobre el pago de salarios, vacaciones, aguinaldos y otras prestaciones establecidas en la Ley Federal del Trabajo (LFT), así como la correcta administración de los seguros de riesgos laborales.

4. Buenas Prácticas y Auditorías Regulares

Finalmente, es recomendable que los consultorios dentales realicen auditorías internas y externas periódicas para asegurarse de que cumplen con todas las regulaciones legales y normativas sanitarias. Esto incluye:

- Revisión de las licencias y permisos de operación.
- Inspección de las condiciones del consultorio (sanitarias, de seguridad, etc.).
- Verificación de que el personal cumple con las normativas de higiene y esterilización.

Realizar estas auditorías asegura que el consultorio dental opere de manera legal, ética y eficiente, proporcionando servicios de calidad a los pacientes mientras mantiene la seguridad y el cumplimiento de las normativas.

Cumplir con las regulaciones y normativas legales es esencial para operar un consultorio dental exitoso y legalmente en México. Esto no solo garantiza la seguridad y bienestar de los pacientes, sino que también protege al odontólogo de posibles sanciones legales o problemas administrativos. Es fundamental que los dentistas mantengan un conocimiento actualizado de las normas sanitarias, fiscales y laborales que rigen su profesión y que adopten las mejores prácticas para asegurar el cumplimiento de estas normativas.

7.2 Aspectos Legales para la Empresa: Seguros, Contratos con Proveedores, Contratos Laborales y Cómo Proteger Legalmente al Consultorio

La gestión de un consultorio dental no solo involucra la atención médica y la administración operativa, sino también un entendimiento sólido de los aspectos legales que pueden afectar tanto al negocio como a la relación con los pacientes, empleados, proveedores y otras entidades externas. Para que el consultorio funcione de manera legal y eficiente, es fundamental contar con una estructura legal adecuada que lo proteja frente a posibles riesgos, demandas o imprevistos.

En esta sección, exploraremos los principales aspectos legales que deben considerarse para proteger y gestionar correctamente el consultorio dental como una empresa, incluyendo seguros, contratos con proveedores, contratos laborales, y cómo implementar medidas legales para proteger a la clínica y garantizar su correcto funcionamiento.

1. Seguros para el Consultorio Dental

La contratación de seguros es una de las decisiones más importantes para proteger legalmente un consultorio dental. Los seguros brindan una **cobertura financiera** ante imprevistos y ayudan a mitigar los riesgos asociados con la práctica dental, tanto para los profesionales de la salud como para los pacientes.

a) Seguro de Responsabilidad Civil Profesional

Uno de los seguros más relevantes para un consultorio dental es el seguro de responsabilidad civil profesional. Este tipo de seguro cubre a los odontólogos frente a posibles demandas o reclamaciones legales derivadas de errores médicos, negligencia profesional o mal praxis. En caso de que un paciente se vea afectado por un procedimiento realizado en el consultorio, este seguro puede cubrir los costos legales y la indemnización correspondiente.

Es importante que el seguro de responsabilidad civil sea adecuado al tipo de procedimientos que realiza el consultorio, y que contemple las necesidades específicas del área odontológica, como tratamientos quirúrgicos, ortodónticos, estética dental, etc.

b) Seguro de Daños Materiales

El seguro de daños materiales cubre las pérdidas o daños que puedan sufrir las instalaciones del consultorio, el mobiliario, los equipos dentales y otras propiedades físicas, como consecuencia de incendios, robo, daños por agua, entre otros. Este seguro es crucial para evitar grandes pérdidas económicas en caso de accidentes imprevistos que puedan afectar los activos materiales del consultorio.

c) Seguro de Accidentes y Salud para Empleados

Si el consultorio tiene personal contratado, es fundamental contar con un seguro de accidentes y/o un seguro de saludpara los empleados, que cubra situaciones como accidentes laborales, enfermedades o incapacidades temporales. En México, todos los empleados deben estar registrados en el IMSS (Instituto Mexicano del Seguro Social), pero contar con un seguro adicional puede proporcionar una cobertura complementaria que beneficie aún más a los trabajadores.

d) Seguro de Vida

El seguro de vida también puede ser un beneficio adicional para los empleados clave o los socios del consultorio dental. Este tipo de seguro ayuda a proteger a los empleados y sus familias en caso de fallecimiento, garantizando la seguridad financiera de los seres queridos.

2. Contratos con Proveedores

Los contratos con proveedores son esenciales para garantizar que el consultorio dental reciba los insumos, materiales y equipos necesarios para su funcionamiento. Los proveedores pueden incluir empresas de distribución de materiales dentales, laboratorios, empresas de servicios de mantenimiento, entre otros.

a) Contratos de Suministro de Materiales y Equipos Dentales

Un contrato bien redactado con los proveedores de materiales dentales (como insumos para procedimientos, anestésicos, equipos de radiografía, etc.) es crucial para asegurar que el consultorio reciba productos de calidad, a tiempo y en las condiciones acordadas. Estos contratos deben especificar claramente:

- **Precios y condiciones de pago**: Asegurar que los términos de pago sean claros (por ejemplo, pago en efectivo, crédito, plazos de pago, etc.).

- **Condiciones de entrega**: Detallar los plazos de entrega de los productos, los costos de envío y los términos para posibles retrasos o fallos en la entrega.

- **Garantías**: Asegurar que los productos vendidos sean de calidad y estén respaldados por una **garantía** que cubra defectos de fabricación o daños en los equipos.

b) Contratos de Mantenimiento y Reparación de Equipos

Los consultorios dentales deben contar con equipos que requieren mantenimiento y reparación periódica. Tener contratos formales con proveedores de servicios de mantenimiento, como el servicio técnico de autoclaves, radiografías y otros equipos, puede prevenir problemas y costos imprevistos.
En estos contratos debe detallarse el alcance del servicio, el costo del mantenimiento, los tiempos de respuesta en caso de averías y los costos asociados a la reparación de equipos. También es importante incluir cláusulas de confidencialidad para proteger cualquier información técnica y de funcionamiento del consultorio.

c) Contratos con Laboratorios Dentales

Muchos consultorios trabajan en colaboración con laboratorios dentales para la creación de prótesis, coronas, puentes, implantes, entre otros. Es importante contar con contratos que establezcan los tiempos de entrega, los costos de los servicios, las especificaciones técnicas de cada pedido y las garantías de los trabajos realizados.

3. Contratos Laborales: Empleados del Consultorio

El personal es una parte fundamental del éxito de un consultorio dental, y la correcta gestión de los contratos laborales es esencial para evitar conflictos legales y promover un ambiente de trabajo positivo.

a) Contratos Individuales de Trabajo

Cada empleado del consultorio debe tener un contrato laboral que detalle sus términos de empleo. Estos contratos deben incluir:

- **Descripción del puesto** y las responsabilidades del empleado.
- **Salario** y los **beneficios adicionales** (como vacaciones, aguinaldo, seguro médico, etc.).
- **Horarios de trabajo**, días de descanso y condiciones para cambios en la jornada laboral.
- **Duración del contrato** (si es por tiempo determinado o indefinido).
- **Cláusulas de terminación** del contrato, que especifiquen las condiciones bajo las cuales el contrato puede ser rescindido por alguna de las partes.

b) Contratos con Profesionales Independientes

En algunos casos, los consultorios dentales contratan a profesionales independientes, como odontólogos especialistas o higienistas, que no son empleados fijos, sino que trabajan bajo contrato de prestación de servicios. Estos contratos deben incluir detalles como:

- **Honorarios** y el **método de pago**.
- **Duración del contrato** y condiciones para la renovación.

- **Tareas y responsabilidades** del profesional durante su tiempo en el consultorio.
- **Condiciones de terminación** o cancelación del contrato en caso de incumplimiento o necesidad de finalizar la relación laboral.

c) Cumplimiento con la Ley Federal del Trabajo (LFT)

Es fundamental cumplir con las disposiciones establecidas en la Ley Federal del Trabajo (LFT) en relación con las prestaciones laborales de los empleados. Esto incluye asegurar que los empleados reciban sus derechos laborales, como el pago de horas extras, las vacaciones, el aguinaldo, las licencias por maternidad o paternidad, entre otros beneficios.

4. Protección Legal del Consultorio

El consultorio dental debe tomar medidas para protegerse legalmente frente a posibles riesgos, disputas o reclamaciones que puedan surgir.

a) Propiedad Intelectual y Derechos de Autor

Si el consultorio crea materiales de marketing, como folletos, publicaciones en redes sociales, logotipos, o contenido para su página web, es recomendable registrar la propiedad intelectual de estos elementos. Esto puede incluir la protección de la marca o el registro de derechos de autor sobre contenido creativo, lo cual ayuda a evitar que otros usen de manera ilegal los recursos del consultorio.

b) Protección de Datos Personales

El manejo adecuado de los datos personales de los pacientes es crucial para cumplir con la Ley Federal de Protección de Datos Personales en Posesión de los Particulares. Los consultorios deben implementar medidas para proteger los datos personales y médicos de los pacientes, asegurándose de contar con las autorizaciones adecuadas para el tratamiento de estos datos.

c) Auditorías Legales y Consultoría Externa

Realizar auditorías legales periódicas es una práctica recomendada para asegurarse de que el consultorio cumpla con todos los aspectos legales y normativos. Consultar con un abogado especializado en derecho médico o comercial puede ser útil para actualizar los contratos, resolver disputas legales o recibir asesoría sobre nuevas normativas.

El cumplimiento de los aspectos legales es esencial para proteger y garantizar el buen funcionamiento de un consultorio dental. Desde la contratación de seguros adecuados, pasando por la redacción de contratos claros con proveedores y empleados, hasta la implementación de medidas de protección legal, cada aspecto juega un papel clave en la operación segura y eficiente del negocio. Los dentistas deben asegurarse de estar bien informados y asesorados para tomar decisiones legales acertadas que respalden la estabilidad y el crecimiento de su consultorio.

7.3 Ética Profesional y Responsabilidad Social: La Importancia de Mantener Altos Estándares Éticos y Cómo Generar Confianza con los Pacientes

En el ámbito de la odontología, como en cualquier otra disciplina de la salud, la ética profesional juega un papel fundamental en la construcción de una práctica respetable y exitosa. La ética no solo influye en la relación que el dentista tiene con los pacientes, sino que también tiene un impacto directo en la reputación del consultorio, en la calidad del servicio y en el bienestar de la comunidad en general. Mantener altos estándares éticos, sumado a una responsabilidad social activa, son pilares cruciales que todo odontólogo debe seguir para establecer una relación de confianza y fidelidad con los pacientes, al mismo tiempo que contribuye positivamente a la sociedad.

En esta sección, exploraremos cómo la ética profesional y la responsabilidad social son claves en la gestión de un consultorio dental y cómo su práctica contribuye no solo a la confianza del paciente, sino también a la imagen de la clínica, su sostenibilidad y su éxito a largo plazo.

1. Ética Profesional: Pilar Fundamental en la Práctica Odontológica

La ética profesional es el conjunto de principios, normas y valores que guían la conducta de un odontólogo en su ejercicio profesional. Este marco ético es esencial para garantizar que los pacientes reciban un trato justo, honesto y responsable. Los estándares éticos no solo son necesarios para proteger al paciente, sino también para proteger la práctica del odontólogo frente a posibles demandas, malentendidos o conflictos.

a) Principios Básicos de la Ética Profesional en Odontología

- **Beneficencia**: El odontólogo debe actuar siempre en el mejor interés del paciente, buscando su bienestar y salud. Esto implica realizar diagnósticos precisos, proponer tratamientos adecuados y brindar una atención integral que valore las necesidades y deseos del paciente.
- **No maleficencia**: Es el principio que se refiere a la obligación del odontólogo de evitar causar daño. Cualquier acción tomada en el consultorio debe ser cuidadosamente evaluada para garantizar que no afecte negativamente la salud o el bienestar del paciente.
- **Autonomía del paciente**: Los pacientes deben tener el derecho de tomar decisiones sobre su salud, basadas en información clara, comprensible y veraz proporcionada por el odontólogo. La autonomía es uno de los principios más importantes, ya que respeta la dignidad del paciente y su derecho a decidir sobre los tratamientos que recibirá.
- **Justicia**: Implica tratar a todos los pacientes de manera equitativa, sin discriminación por motivos de raza, género, estatus social, edad u otros factores. También incluye ser justo con el personal, los proveedores y todas las partes involucradas en el funcionamiento del consultorio.

b) La Importancia de la Confianza en la Relación Odontólogo-Paciente

La confianza es un componente fundamental de cualquier relación profesional, especialmente en la odontología, donde los pacientes depositan en el dentista no solo su salud física, sino también su bienestar emocional. Para crear y mantener esa confianza, los odontólogos deben:

- **Ser transparentes**: Explicar claramente los diagnósticos, opciones de tratamiento y costos involucrados.

- **Ser honestos**: Evitar cualquier tipo de sobretratamiento o recomendaciones innecesarias. Solo se deben proponer tratamientos que realmente beneficien al paciente.

- **Mantener la confidencialidad**: La información médica de los pacientes debe ser tratada con la más estricta confidencialidad. No debe compartirse sin el consentimiento explícito del paciente, salvo en situaciones en las que lo exijan las leyes.

Un odontólogo ético se asegura de actuar con integridad en cada consulta, generando una atmósfera de confianza que facilita la interacción y fomenta la fidelización del paciente.

2. Responsabilidad Social: El Rol del Dentista en la Comunidad

La responsabilidad social de un odontólogo no solo se limita al trato ético y responsable con sus pacientes, sino también a la contribución activa en el bienestar de la comunidad en general. Los dentistas tienen la capacidad de influir en la salud pública de una manera significativa y, por lo tanto, su rol social debe ir más allá de la práctica privada.

a) Promoción de la Salud Oral en la Comunidad

Los dentistas tienen la oportunidad y la responsabilidad de promover hábitos saludables y prevenir enfermedades dentales a través de campañas de concientización, programas educativos y actividades comunitarias. La educación sobre higiene bucal, el acceso a revisiones periódicas y la importancia de una dieta saludable son áreas en las que un consultorio puede marcar una diferencia en la salud pública.

Iniciativas de Responsabilidad Social que los consultorios dentales pueden implementar incluyen:

- **Charlas educativas** en escuelas y centros comunitarios sobre el cuidado dental básico.
- **Servicios dentales gratuitos o a bajo costo** para poblaciones vulnerables, como personas de escasos recursos o ancianos.
- **Colaboración con organizaciones sin fines de lucro** para llevar atención dental a comunidades marginadas.

Estas iniciativas no solo demuestran un compromiso con la salud pública, sino que también generan un impacto positivo en la percepción del consultorio y en la fidelización de los pacientes.

b) Conciencia Ambiental: Prácticas Sostenibles en el Consultorio

Además de la responsabilidad social hacia los pacientes y la comunidad, los dentistas también pueden contribuir al cuidado del medio ambiente. Implementar prácticas sostenibles en la gestión del consultorio dental no solo tiene un impacto positivo en el planeta, sino que también genera una imagen de responsabilidad empresarial ante la comunidad y los pacientes.

Algunas acciones que los consultorios pueden tomar para ser más sostenibles incluyen:

- **Minimizar el uso de productos desechables**: Optar por materiales reutilizables siempre que sea posible.
- **Gestión adecuada de residuos**: Asegurarse de que los desechos, especialmente los materiales peligrosos como amalgamas y radiografías, se gestionen correctamente para evitar la contaminación.
- **Uso de tecnologías ecoeficientes**: Adoptar tecnologías que reduzcan el consumo de energía o agua, como lámparas LED y autoclaves eficientes.

Este tipo de prácticas puede ser una ventaja competitiva para los consultorios, especialmente para aquellos pacientes que valoran el compromiso con el medio ambiente.

3. Cómo la Ética y la Responsabilidad Social Mejoran la Reputación del Consultorio

La implementación de estándares éticos elevados y la adopción de una postura activa en cuanto a la responsabilidad social no solo tienen un impacto directo en la relación con los pacientes, sino que también mejoran significativamente la reputación del consultorio y, en consecuencia, su éxito a largo plazo.

Un consultorio dental que sigue principios éticos rigurosos y está comprometido con el bienestar de la comunidad logra generar una gran lealtad entre sus pacientes, quienes no solo valoran la atención de calidad, sino que también se sienten atraídos por los valores de la práctica. Además, los pacientes que perciben que un consultorio actúa con responsabilidad social son más propensos a recomendarlo a otros, lo que contribuye al crecimiento del negocio.

La ética profesional y la responsabilidad social son fundamentales para el éxito y la sostenibilidad de un consultorio dental. Mantener altos estándares éticos no solo garantiza una atención de calidad, sino que también establece una relación sólida de confianza con los pacientes, lo que es esencial para su fidelización y para la reputación del consultorio. Además, un dentista que asume su responsabilidad social contribuye activamente al bienestar de la comunidad y a la salud pública, lo que genera un impacto positivo en su entorno y refuerza su imagen como un profesional comprometido con la sociedad.

Ser consciente de la importancia de estos aspectos y aplicarlos en la práctica diaria es una inversión en el éxito y la reputación del consultorio dental, asegurando que no solo se cuiden los intereses del negocio, sino también los intereses de los pacientes y de la sociedad en general.

VIII

Crecimiento y Expansión del Consultorio

El crecimiento y la expansión de un consultorio dental son metas alcanzables y fundamentales para consolidar un negocio exitoso y sostenible en el tiempo. Alcanzar este nivel de desarrollo no solo requiere una excelente gestión interna y operativa, sino también una visión estratégica que permita diversificar y adaptar el consultorio a las necesidades cambiantes del mercado. Las estrategias para crecer y expandir un consultorio dental incluyen la mejora constante de los servicios ofrecidos, la optimización de los procesos internos, la apertura de nuevas sucursales, y la incorporación de tecnologías innovadoras.

Este capítulo está destinado a brindar una guía completa sobre cómo un consultorio dental puede planificar y ejecutar su expansión de manera efectiva, asegurando que el crecimiento se realice de forma controlada y rentable.

1. Escalabilidad y Crecimiento: Preparando el Consultorio para Expansión

Para lograr un crecimiento exitoso y escalable, es importante que el consultorio dental esté preparado tanto a nivel interno como en términos de mercado. La escalabilidad se refiere a la capacidad del negocio de aumentar sus operaciones sin comprometer la calidad del servicio ni la eficiencia.

a) Evaluación de la Capacidad Actual del Consultorio

Antes de iniciar el proceso de expansión, es vital evaluar la situación actual del consultorio. Esto incluye:

- **Análisis financiero**: Un estudio detallado de los ingresos, egresos, márgenes de ganancia y rentabilidad permitirá identificar si el negocio tiene una base sólida para soportar el crecimiento.

- **Capacidad operativa**: Verificar si los recursos humanos y materiales actuales pueden manejar una mayor demanda de pacientes o si será necesario invertir en más personal o equipos.

- **Satisfacción del paciente**: El nivel de satisfacción de los pacientes es un indicador clave de la calidad del servicio. Expansión y crecimiento solo serán viables si los pacientes actuales están contentos con la atención recibida, ya que son los embajadores del consultorio.

b) Planificación de la Expansión

Una vez evaluados los puntos anteriores, el siguiente paso es desarrollar un plan de expansión detallado. Esto puede incluir varios aspectos clave:

- **Ubicación de nuevas sucursales**: La elección de nuevas ubicaciones debe basarse en un análisis del mercado y la competencia local. Es importante identificar áreas con alta demanda y baja oferta de servicios dentales de calidad.
- **Nuevos servicios o especialidades**: Ofrecer servicios adicionales como implantes dentales, ortodoncia, blanqueamiento dental, entre otros, puede atraer a un público más amplio y diversificado.
- **Ampliación de horarios de atención**: Expandir las horas de servicio puede aumentar la capacidad de atender a más pacientes sin necesidad de abrir nuevas sucursales, lo que mejora la eficiencia operativa.

2. Diversificación de Servicios: Ampliando la Oferta para Atraer Más Pacientes

Un camino popular para el crecimiento de un consultorio dental es la diversificación de servicios. Esto no solo incrementa el número de pacientes atendidos, sino que también permite capturar nuevos segmentos de mercado y generar ingresos adicionales.

a) Implementación de Nuevas Especialidades Dentales

Incorporar nuevas especialidades como implantes dentales, ortodoncia, endodoncia (tratamientos de conductos), o odontología estética puede atraer a pacientes interesados en servicios específicos. Además, estos tratamientos suelen generar mayores márgenes de beneficio.

- **Implantes dentales**: Los implantes han ganado popularidad debido a la durabilidad y efectividad de los tratamientos. Ofrecer este servicio puede atraer a pacientes que buscan soluciones a largo plazo para la pérdida de dientes.

- **Ortodoncia**: Los tratamientos de ortodoncia, como los brackets tradicionales o los alineadores invisibles (como Invisalign), son muy demandados, especialmente entre adolescentes y adultos interesados en mejorar su estética dental.

b) Servicios Estéticos y Preventivos

Los servicios estéticos, como blanqueamientos dentales, carillas o restauraciones estéticas, están ganando popularidad en los últimos años. Los pacientes buscan no solo mejorar su salud dental, sino también su apariencia. Además, los tratamientos preventivos, como las limpiezas profundas y las revisiones regulares, son esenciales para mantener la salud bucal y pueden generar una base de pacientes recurrentes.

c) Paquetes de Tratamientos Integrales

Ofrecer paquetes combinados, como revisiones completas con limpiezas, tratamientos preventivos, y ortodoncia, puede atraer tanto a nuevos pacientes como a los existentes. Estos paquetes pueden proporcionar a los pacientes descuentos atractivos, mientras que el consultorio logra aumentar su volumen de servicios.

3. Apertura de Nuevas Sucursales: Cómo Ampliar la Red de Consultorios Dentales

La apertura de nuevas sucursales es una de las estrategias más directas para expandir un consultorio dental. Sin embargo, no se trata simplemente de replicar el modelo existente, sino de crear una nueva unidad de negocio que funcione tan eficientemente como la original.

a) Estudio de Mercado para Nuevas Sucursales

El análisis de mercado es crucial para determinar dónde abrir nuevas sucursales. Esto implica:

- **Investigación de la competencia**: Identificar áreas geográficas donde la competencia sea escasa o donde se pueda ofrecer un servicio superior a lo que ya existe.

- **Demografía y demanda**: Asegurarse de que haya suficientes pacientes potenciales que puedan beneficiarse de los servicios dentales. Además, tener en cuenta factores como el nivel socioeconómico de la zona y las preferencias demográficas.

b) Modelos de Expansión

Hay diversas formas de expandir un consultorio dental. Algunas de las más comunes incluyen:

- **Sucursal propia**: Abrir una nueva ubicación con una inversión directa. Este modelo ofrece más control sobre el servicio y la calidad, pero requiere una inversión significativa.

- **Franquicia o licencias**: Si el consultorio tiene una marca sólida y procesos bien definidos, la expansión mediante franquicias puede ser una opción. A través de este modelo, otros profesionales pueden operar bajo la misma marca y metodología, lo que acelera el crecimiento.

c) Gestión Eficiente de Sucursales

A medida que se expanden las operaciones, la **gestión eficiente** de las sucursales es clave. Esto incluye:

- **Centralización de procesos**: Implementar un sistema centralizado para la gestión de citas, registros de pacientes y facturación facilita la administración de múltiples ubicaciones.

- **Capacitación constante**: Asegurar que todos los miembros del equipo en todas las sucursales estén alineados con los estándares del consultorio original en cuanto a calidad, servicio y ética profesional.

4. Consideraciones Financieras en el Crecimiento y Expansión

El **crecimiento** y la **expansión** no son solo un tema de operaciones, sino también de finanzas. La planificación financiera adecuada es crucial para garantizar que el consultorio pueda sostener la expansión sin comprometer la estabilidad económica.

a) Estrategias Financieras para la Expansión

- **Establecer un fondo de inversión**: Crear un fondo dedicado específicamente al crecimiento del negocio puede ser útil para cubrir los costos asociados con la apertura de nuevas sucursales o la adquisición de equipos.

- **Obtención de financiamiento**: Si es necesario, buscar financiamiento externo o líneas de crédito que permitan cubrir los gastos de expansión sin afectar el flujo de caja del negocio.

b) Proyecciones Financieras

Desarrollar proyecciones financieras a corto, mediano y largo plazo ayudará a medir la viabilidad de la expansión y las inversiones necesarias. Esto incluye calcular los ingresos adicionales, los gastos operativos de las nuevas ubicaciones, y las tasas de retorno de las inversiones.

El crecimiento y la expansión de un consultorio dental requieren una planificación meticulosa, una visión empresarial clara y una excelente ejecución operativa. Desde la diversificación de los servicios hasta la apertura de nuevas sucursales, cada paso en este proceso debe ser cuidadosamente evaluado para garantizar que la expansión sea rentable, eficiente y sostenible. Al seguir una estrategia de crecimiento sólida y bien planificada, los odontólogos pueden transformar su consultorio en una red exitosa, brindando servicios dentales de calidad a una mayor cantidad de pacientes, mientras aprovechan nuevas oportunidades de negocio.

8.2 Innovación en los Servicios Ofrecidos: Cómo Adaptar Nuevas Tendencias y Tratamientos para Mantenerse Competitivo

La odontología es una disciplina en constante evolución, impulsada por avances tecnológicos, nuevas técnicas y tendencias que están transformando la forma en que los dentistas practican y los pacientes perciben la atención dental. Para mantenerse competitivo en un mercado cada vez más exigente, es crucial que un consultorio dental no solo se enfoque en brindar un servicio de calidad, sino también en innovar y adaptarse a las nuevas tendencias y tratamientos que surgen en el campo de la odontología.

En este capítulo, exploraremos cómo un consultorio dental puede incorporar la innovación en sus servicios ofrecidos, adaptándose a las tendencias emergentes y utilizando las últimas tecnologías y tratamientos para mejorar la calidad de la atención, atraer a nuevos pacientes y fortalecer su posición en el mercado.

1. La Importancia de la Innovación en la Odontología

La innovación en la odontología no se limita únicamente a la adopción de nuevas tecnologías o la introducción de tratamientos de vanguardia. También implica una mentalidad abierta al cambio y una disposición para evaluar constantemente las necesidades de los pacientes y las oportunidades que ofrece el mercado. Adoptar innovaciones no solo mejora los resultados clínicos, sino que también puede mejorar la eficiencia operativa, la experiencia del paciente y la rentabilidad del consultorio.

a) Ventajas de Innovar en un Consultorio Dental

- **Mejora de la calidad del servicio**: La innovación permite utilizar tecnologías y técnicas más precisas y menos invasivas, lo que puede reducir el tiempo de tratamiento, el dolor y el riesgo de complicaciones para los pacientes.

- **Aumento de la competitividad**: Los pacientes hoy en día son más conscientes de las opciones que existen en el mercado. Ofrecer los tratamientos más avanzados y tecnologías de última generación puede diferenciar a un consultorio de la competencia.

- **Mayor satisfacción del paciente**: Los tratamientos innovadores suelen ser más rápidos, menos invasivos y, en muchos casos, más efectivos. Esto contribuye a una mejor experiencia para el paciente, lo que puede traducirse en mayor fidelidad y recomendaciones.

- **Optimización de los recursos**: La implementación de nuevas tecnologías, como los **software de gestión** o los equipos dentales más avanzados, también mejora la eficiencia operativa, reduciendo costos y aumentando la productividad del equipo.

2. Incorporación de Nuevas Tecnologías en el Consultorio

Una de las formas más efectivas de mantener la competitividad es a través de la adopción de tecnologías innovadoras. Desde sistemas de gestión de pacientes hasta equipos avanzados para diagnósticos y tratamientos, las nuevas tecnologías pueden transformar la manera en que se brinda atención dental.

a) Diagnóstico y Planificación Avanzada con Tecnología Digital

- **Radiografías digitales**: Las radiografías digitales han reemplazado gradualmente a las tradicionales, ofreciendo imágenes de alta calidad con una dosis mínima de radiación. Esto permite a los dentistas realizar diagnósticos más precisos y compartir las imágenes fácilmente con los pacientes, lo que mejora la comunicación.

- **Imágenes 3D y Tomografía Computarizada Cone Beam (CBCT)**: Estas tecnologías permiten obtener imágenes tridimensionales detalladas de la boca y los dientes, lo que facilita la planificación de tratamientos complejos como implantes dentales y cirugías ortognáticas.

- **Escáneres intraorales**: Los escáneres intraorales son una excelente herramienta para reemplazar las moldes tradicionales, proporcionando impresiones digitales de los dientes del paciente de manera más rápida, precisa y cómoda. Esto también facilita la creación de restauraciones dentales personalizadas como coronas, puentes o carillas.

b) Tecnología para el Tratamiento de los Pacientes

- **Láser dental**: Los láseres dentales están revolucionando varios procedimientos, como el tratamiento de caries, la eliminación de tejidos blandos y la realización de procedimientos quirúrgicos menos invasivos. Los láseres ofrecen precisión, menos dolor y una recuperación más rápida para los pacientes.

- **Ortodoncia invisible (Invisalign)**: Los alineadores transparentes para ortodoncia son una alternativa moderna a los brackets tradicionales. Están ganando popularidad por ser estéticos, cómodos y más fáciles de mantener. Incorporar estos tratamientos puede atraer a pacientes adultos que no desean los brackets metálicos.

- **Implantes dentales con tecnología avanzada**: Los implantes dentales son uno de los tratamientos más demandados en la actualidad. El uso de técnicas avanzadas de colocación de implantes, como la guía quirúrgica computarizada, permite procedimientos más rápidos y menos invasivos, con una tasa de éxito más alta.

3. Nuevas Tendencias en Tratamientos Estéticos y Funcionales

Además de las tecnologías innovadoras, las nuevas tendencias en tratamientos dentales están ayudando a mejorar la estética y la funcionalidad de los procedimientos. Incorporar estas tendencias en el consultorio no solo ofrece una ventaja competitiva, sino que también atrae a pacientes que buscan mejorar su sonrisa y su bienestar general.

a) Odontología Estética Avanzada

- **Carillas dentales**: Las carillas de porcelana o resina compuesta son una de las principales soluciones estéticas utilizadas para mejorar el aspecto de los dientes. Este tratamiento es ideal para corregir dientes desalineados, manchas o desgastes.

- **Blanqueamiento dental profesional**: Los tratamientos de blanqueamiento dental han crecido en popularidad en los últimos años. Ofrecer opciones de blanqueamiento profesional y seguro en el consultorio puede atraer a pacientes interesados en mejorar su sonrisa de forma rápida y efectiva.

- **Contorneado dental**: También conocido como contorneado estético de los dientes, es una técnica que permite remodelar los dientes para mejorar su forma y alineación sin necesidad de aplicar coronas o carillas. Este tratamiento es menos invasivo y ofrece resultados inmediatos.

b) Medicina Preventiva y Salud Bucal Integral

La prevención es otro campo en el que los consultorios dentales pueden innovar. Los pacientes están cada vez más interesados en mantener su salud bucal antes que tratar enfermedades dentales graves. Ofrecer servicios de salud bucal integral, que incluyan prevención, asesoramiento nutricional y cuidado preventivo, es una tendencia creciente.

- **Odontología mínimamente invasiva**: Técnicas como la **microcirugía dental** y el uso de resinas compuestas de alta calidad permiten reparar dientes con mínima remoción de tejido dental, mejorando la salud a largo plazo del paciente.

- **Detección temprana de enfermedades orales**: Herramientas como el **examen láser para la detección de caries tempranas** o el uso de **pruebas de saliva** para identificar enfermedades bucales antes de que se conviertan en problemas graves son innovaciones que ayudan a la detección temprana y tratamiento preventivo.

4. Innovación en la Gestión del Consultorio: Mejorando la Eficiencia Operativa

La innovación no solo debe estar centrada en los servicios de salud dental, sino también en la gestión eficiente del consultorio. La adopción de sistemas de gestión y automatización permite al consultorio operar con mayor eficiencia y brindar una mejor experiencia tanto a los pacientes como al equipo de trabajo.

a) Sistemas de Gestión Dental

Utilizar un software de gestión dental avanzado puede simplificar y optimizar muchas de las tareas administrativas que son esenciales para el funcionamiento del consultorio, tales como:

- **Gestión de citas**: Los sistemas de gestión modernos permiten a los pacientes hacer citas en línea, recibir recordatorios automáticos y cambiar sus horarios fácilmente.

- **Historial médico digital**: El acceso a historiales médicos de los pacientes de manera digital y centralizada permite una mejor coordinación del tratamiento y la comunicación entre los miembros del equipo.

- **Facturación y pagos electrónicos**: Los sistemas de facturación electrónica permiten realizar pagos de manera rápida y segura, y facilitan la interacción con los seguros y la administración financiera del consultorio.

b) Marketing Digital y Redes Sociales

El marketing digital es otra área en la que los consultorios pueden innovar para atraer a más pacientes. Utilizar redes sociales, SEO, y publicidad pagada puede aumentar significativamente la visibilidad del consultorio y atraer nuevos pacientes. Las plataformas como Instagram y Facebook son herramientas poderosas para mostrar casos de éxito, promover promociones y conectarse con pacientes de manera personal.

5. Adaptarse a los Cambios en el Mercado y la Demanda de los Pacientes

Finalmente, un consultorio dental debe estar siempre atento a las nuevas demandas y necesidades de los pacientes. Los pacientes de hoy están buscando no solo servicios de calidad, sino también un trato personalizado, opciones de financiamiento, y tratamientos innovadores que mejoren su salud y estética dental. Estar dispuesto a adaptarse a las tendencias emergentes y a la evolución de las expectativas del paciente es clave para garantizar el éxito y la sostenibilidad a largo plazo del consultorio.

La innovación es fundamental para que un consultorio dental se mantenga competitivo y relevante en un mercado dinámico. Desde la adopción de nuevas tecnologías hasta la incorporación de tratamientos avanzados y tendencias estéticas, la innovación puede mejorar la calidad del servicio, atraer a nuevos pacientes y aumentar la eficiencia operativa. Adaptarse a las tendencias emergentes y mantenerse al tanto de los avances en la odontología no solo posiciona a un consultorio como líder en su área, sino que también le permite ofrecer una experiencia excepcional a sus pacientes, consolidando su éxito y crecimiento a largo plazo.

8.3 Asociaciones y Colaboraciones: Formar Alianzas con Otros Profesionales de la Salud o Empresas del Sector para Expandir la Red de Pacientes

En el competitivo mundo de la odontología, una de las claves para el éxito y crecimiento de un consultorio dental es la capacidad de formar alianzas estratégicas que fortalezcan su red de contactos, amplíen su base de pacientes y mejoren la reputación y el alcance del negocio.

Las asociaciones y colaboraciones con otros profesionales de la salud o empresas del sector pueden proporcionar una ventaja significativa, al permitir el acceso a una nueva cartera de pacientes, mejorar los servicios ofrecidos y crear un ambiente de trabajo colaborativo que beneficie tanto a los profesionales involucrados como a los pacientes.

En este capítulo, exploraremos cómo un consultorio dental puede formar asociaciones y colaboraciones estratégicas que favorezcan su crecimiento, aumenten su visibilidad y expandan su red de pacientes.

1. La Importancia de las Asociaciones en la Odontología

Las asociaciones profesionales son relaciones mutuamente beneficiosas que se establecen entre los dentistas y otros profesionales del sector salud o incluso entre dentistas de diferentes especialidades. Estas colaboraciones no solo ayudan a aumentar la visibilidad del consultorio dental, sino que también pueden mejorar la oferta de servicios, generar confianza entre los pacientes y permitir una mayor especialización dentro del consultorio.

Las alianzas estratégicas pueden ser beneficiosas por varias razones:

- **Ampliación de la red de pacientes**: Al asociarse con otros profesionales o empresas del sector, se puede acceder a nuevos grupos de pacientes que quizás no habrían considerado el consultorio anteriormente.

- **Mejoras en la calidad del servicio**: Las alianzas pueden permitir a los dentistas acceder a servicios complementarios o especializados, mejorando la atención general que se ofrece a los pacientes.

- **Aumento de la confianza y la reputación**: Las recomendaciones y referencias de profesionales de la salud de confianza aumentan la credibilidad del consultorio y la confianza de los pacientes.

- **Mayor visibilidad**: Las colaboraciones estratégicas, como las campañas conjuntas de marketing, pueden aumentar la exposición de un consultorio, permitiendo llegar a un público más amplio.

2. Tipos de Asociaciones y Colaboraciones Beneficiosas

Existen varias formas de establecer alianzas en el ámbito de la odontología. A continuación, detallamos algunos tipos de asociaciones que un consultorio dental puede considerar:

a) Colaboración con Profesionales de la Salud

Los dentistas pueden beneficiarse enormemente de la colaboración con otros profesionales del sector de la salud. Las referencias cruzadas y las asociaciones con médicos, especialistas y otros terapeutas pueden ser clave para el éxito y el crecimiento del consultorio.

- **Médicos generales y especialistas médicos**: Los médicos de atención primaria, especialistas en enfermedades crónicas, ginecólogos y pediatras a menudo tienen contacto directo con pacientes cuyas necesidades de salud bucal podrían ser pasadas por alto. Los dentistas pueden formar alianzas con estos médicos, recibiendo referencias de pacientes que necesitan atención dental preventiva o tratamiento especializado.

- **Especialistas en ortodoncia**: Si bien muchos dentistas ofrecen servicios de ortodoncia, otros pueden preferir trabajar con ortodoncistas que se especializan en estos procedimientos. Establecer una relación con ortodoncistas puede ser útil para aquellos pacientes que requieren tratamientos complejos de alineación dental, como brackets o alineadores invisibles.

- **Enfermeros y terapeutas de rehabilitación**: Los pacientes con condiciones médicas complejas o que se han sometido a cirugías podrían necesitar atención dental adicional. Los profesionales que se especializan en la rehabilitación, como fisioterapeutas o terapeutas ocupacionales, pueden ser un recurso valioso para referencias, especialmente en lo que respecta a la atención a pacientes con discapacidades o problemas de movilidad.

- **Psicólogos y psiquiatras**: En algunos casos, los problemas emocionales o psicológicos pueden afectar la salud bucal de un paciente. Establecer alianzas con psicólogos o psiquiatras que puedan identificar problemas como la ansiedad dental o trastornos relacionados con el comportamiento podría ayudar a identificar la necesidad de una atención dental más especializada.

b) Colaboración con Empresas del Sector Salud

Además de las colaboraciones con otros profesionales de la salud, un consultorio dental puede beneficiarse al asociarse con empresas del sector salud. Las alianzas con empresas que proporcionan productos y servicios complementarios pueden ser una excelente forma de incrementar la oferta del consultorio y atraer nuevos pacientes.

- **Laboratorios dentales**: Los laboratorios que fabrican prótesis dentales, coronas, puentes, y otras restauraciones, pueden ser un socio estratégico importante. Los dentistas pueden establecer acuerdos con laboratorios para ofrecer un servicio rápido y eficiente a sus pacientes, además de asegurarse de que las prótesis sean de alta calidad.

- **Compañías de seguros dentales**: Colaborar con aseguradoras que ofrecen planes dentales puede ampliar la base de pacientes del consultorio, permitiendo que los pacientes cubiertos por seguros dentales accedan a los servicios del consultorio. Además, esta colaboración podría proporcionar oportunidades para la creación de paquetes de seguros dentales, lo que podría atraer a pacientes que de otra manera no considerarían el cuidado dental adecuado.

- **Proveedores de productos y equipos dentales**: Las asociaciones con empresas que suministran productos y equipos dentales de alta calidad pueden garantizar que el consultorio cuente con tecnología avanzada y productos de vanguardia para ofrecer tratamientos más efectivos. Además, algunos proveedores ofrecen descuentos o acuerdos de colaboración a cambio de recomendaciones o compras a gran escala, lo que puede ser ventajoso tanto para el consultorio como para el proveedor.

c) Colaboraciones con Otras Clínicas Dentales

Los consultorios dentales también pueden beneficiarse al asociarse con otros dentistas y clínicas para crear una red de atención dental especializada. Este tipo de colaboración es particularmente útil si el consultorio no cuenta con todas las especialidades que los pacientes puedan necesitar.

- **Redes de clínicas dentales**: Los consultorios pueden unirse a una red de clínicas dentales, lo que les permite compartir recursos, aumentar la visibilidad y ofrecer una gama más amplia de tratamientos a sus pacientes. Además, estas redes suelen contar con una base de pacientes ya establecida, lo que puede facilitar el acceso a nuevos pacientes.

- **Colaboración entre especialidades**: Si un consultorio se especializa en ciertos tratamientos, como odontología general, puede ser beneficioso colaborar con dentistas que se enfoquen en áreas como la ortodoncia, la endodoncia o la cirugía oral. Esta colaboración puede incluir referencias mutuas para casos que requieren especialización y el desarrollo de paquetes de tratamientos completos.

3. Estrategias para Maximizar el Éxito de las Asociaciones

Formar alianzas y colaboraciones puede ser extremadamente beneficioso, pero también requiere una planificación y ejecución cuidadosa para garantizar que ambas partes se beneficien de la relación. A continuación, se presentan algunas estrategias clave para maximizar el éxito de las asociaciones y colaboraciones:

a) Establecer Objetivos Claros y Mutuamente Beneficiosos

Antes de comenzar cualquier colaboración, es esencial que ambas partes establezcan objetivos claros y expectativas sobre lo que esperan lograr con la asociación. Estos objetivos deben ser beneficiosos para ambas partes, como la ampliación de la base de pacientes, la mejora de la calidad del servicio o el acceso a nuevas tecnologías. Asegúrate de que ambas partes comprendan sus roles y responsabilidades.

b) Comunicación Abierta y Transparente

La comunicación efectiva es crucial en cualquier asociación. Ambas partes deben estar comprometidas con la transparencia, la honestidad y el diálogo constante. Esto incluye compartir información sobre la evolución de la colaboración, los desafíos que puedan surgir y las oportunidades de mejora.

c) Marketing Conjunto

Una de las formas más efectivas de fortalecer una asociación es a través de la estrategia de marketing conjunta. Realizar campañas de marketing compartidas, promociones especiales, eventos conjuntos o actividades comunitarias puede ser una excelente manera de atraer pacientes y promover los servicios de ambas partes. También se pueden ofrecer descuentos o promociones a pacientes que sean referidos por el socio.

d) Evaluación y Seguimiento Continuos

Una vez establecida la colaboración, es importante realizar evaluaciones periódicas para determinar si la asociación está alcanzando los objetivos establecidos. Esto puede incluir la medición del aumento en el número de pacientes referidos, la mejora de la calidad del servicio o la efectividad de las estrategias de marketing conjuntas.

Formar asociaciones y colaboraciones estratégicas con otros profesionales de la salud y empresas del sector puede ser una de las formas más efectivas de hacer crecer un consultorio dental. Estas alianzas no solo permiten ampliar la base de pacientes y aumentar la visibilidad, sino que también proporcionan la oportunidad de ofrecer un servicio más completo y especializado, mejorar la calidad de la atención y fomentar el crecimiento a largo plazo. Al elegir cuidadosamente las asociaciones y trabajar de manera conjunta hacia objetivos comunes, un consultorio dental puede expandir significativamente su impacto y su éxito en el mercado.

El Camino Hacia el Éxito Empresarial Dental

El éxito de un consultorio dental no depende exclusivamente de la habilidad técnica del dentista, sino de su capacidad para adoptar una mentalidad empresarial, gestionar eficientemente los aspectos administrativos y crear un ambiente que promueva tanto el bienestar de los pacientes como el crecimiento continuo del negocio. El concepto de "ser dentista es una empresa" trasciende el simple acto de ofrecer tratamientos dentales; implica ver cada aspecto de la práctica dental como una faceta integral de un modelo de negocio sostenible y exitoso.

A lo largo de este manual, hemos explorado diversas áreas clave que contribuyen a la gestión empresarial efectiva en un consultorio dental. Desde la planificación estratégica hasta la gestión financiera, el marketing, la gestión del personal y la tecnología, cada una de estas áreas desempeña un papel fundamental en la construcción de una empresa dental exitosa.

La visión empresarial en la odontología no solo implica ser un profesional capacitado, sino también un líder capaz de dirigir su consultorio con una mentalidad orientada hacia la rentabilidad, la satisfacción del cliente y la mejora continua. Cambiar la mentalidad de "solo profesional médico" a "líder de una empresa" es esencial para garantizar que el consultorio no solo sobreviva, sino que prospere en un mercado competitivo y en constante cambio.

La gestión financiera es otro pilar fundamental en este camino. Un control adecuado de los ingresos, gastos y la planificación de inversiones permite que el consultorio mantenga una rentabilidad estable y que se prepare para enfrentar los desafíos financieros que pueden surgir. El desarrollo de una estrategia financiera sólida, que incluya un presupuesto detallado y una correcta gestión de cobros, es crucial para la viabilidad a largo plazo del negocio.

El marketing y la construcción de una marca sólida son esenciales para atraer y fidelizar pacientes. En el entorno digital actual, aprovechar herramientas como el marketing digital, las redes sociales y un sitio web optimizado es una forma eficaz de aumentar la visibilidad y promover los servicios del consultorio. Además, una sólida estrategia de branding ayuda a crear una identidad que resuene con los pacientes y promueva la confianza y la lealtad.

La gestión del personal y el liderazgo también son aspectos clave en la creación de un consultorio dental exitoso. Un equipo bien formado, motivado y alineado con la visión del consultorio puede marcar la diferencia en términos de productividad, calidad de servicio y satisfacción del paciente. Invertir en la capacitación continua del equipo y fomentar un ambiente laboral positivo es una inversión en el éxito a largo plazo.

Además, la atención al cliente debe ser siempre una prioridad. Gestionar la experiencia del paciente desde la primera consulta hasta el seguimiento posterior no solo mejora la satisfacción, sino que también aumenta la fidelización y las recomendaciones. Crear relaciones duraderas con los pacientes, a través de programas de fidelización y un servicio personalizado, puede ayudar a mantener un flujo constante de nuevos pacientes.

Por último, el uso de la tecnología y herramientas digitales para automatizar procesos y mejorar la eficiencia operativa es fundamental en la actualidad. Desde la digitalización de registros hasta el uso de software de gestión, la tecnología permite una operación más ágil y precisa, reduciendo errores y mejorando la experiencia tanto para el equipo como para los pacientes.

Recomendaciones Finales

1. **Adopta una Mentalidad Empresarial**
   Es fundamental que como dentista, comiences a pensar como un empresario. Tómate el tiempo necesario para comprender los aspectos empresariales de tu práctica y toma decisiones basadas en la visión a largo plazo del consultorio, no solo en las necesidades inmediatas.

2. **Planifica y Establece Metas Claras** La planificación estratégica es esencial. Establece metas a corto, mediano y largo plazo para tu consultorio, y asegúrate de evaluar periódicamente el progreso hacia esos objetivos. Ajusta las

estrategias cuando sea necesario, pero siempre mantén un enfoque claro hacia el éxito.

3. **Optimiza la Gestión Financiera** Llevar un control riguroso de los ingresos y gastos, junto con una planificación financiera sólida, es crucial para mantener la rentabilidad y enfrentar posibles retos económicos. No subestimes la importancia de un presupuesto anual bien diseñado y la correcta gestión de cobros.

4. **Invierte en Marketing Digital y Branding** No descuides la importancia de construir una marca sólida. Aprovecha las herramientas digitales, como las redes sociales y el SEO, para atraer pacientes. Además, asegúrate de que tu consultorio ofrezca una experiencia coherente con la identidad de marca que deseas proyectar.

5. **Forma y Motiva a Tu Equipo** Un equipo comprometido es la clave del éxito. Invierte en la formación continua del personal y asegúrate de crear un ambiente de trabajo donde cada miembro se sienta valorado y motivado. El liderazgo efectivo juega un papel crucial en la retención del talento.

6. **Focalízate en la Satisfacción del Paciente** La experiencia del paciente es el núcleo de cualquier práctica exitosa. Asegúrate de que cada paciente se sienta bien atendido, desde la primera consulta hasta el seguimiento posterior. Un paciente satisfecho no solo es un cliente recurrente, sino también una fuente invaluable de recomendaciones.

7. **Implementa Tecnología para Mejorar la Eficiencia** La tecnología no es solo una herramienta de comodidad; es una inversión estratégica que mejora la calidad del servicio, reduce los errores y optimiza la operación diaria. Considera la implementación de software de gestión dental y

herramientas de automatización que mejoren tanto la experiencia del paciente como la productividad del equipo.

8. **Cumple con las Normativas y Sé Responsable Socialmente**
   No subestimes la importancia de cumplir con todas las normativas legales y éticas. Mantén una alta responsabilidad social y profesional en todas tus prácticas. La transparencia y el cumplimiento de la legislación son fundamentales para ganar la confianza y lealtad de los pacientes.

9. **Fomenta el Crecimiento a Través de la Innovación**
   La odontología está en constante evolución, y es importante que tu consultorio se mantenga a la vanguardia de los nuevos tratamientos y tecnologías. No tengas miedo de explorar nuevas áreas de servicio o incluso expandir tu consultorio a nuevas ubicaciones, siempre basándote en una planificación estratégica sólida.

10. **Crea Alianzas Estratégicas** Las alianzas con otros profesionales de la salud, empresas del sector o incluso con otros dentistas pueden ser una vía excelente para expandir tu red de pacientes y ofrecer una atención más completa. Colaborar con otros puede permitirte ampliar tu alcance y mejorar los servicios de tu consultorio.

Ser dentista en el mundo actual es mucho más que ofrecer tratamientos dentales. Es gestionar una empresa dental que no solo dependa de la habilidad técnica, sino de una gestión efectiva en todas sus áreas: desde la administración financiera hasta la experiencia del paciente. La combinación de una visión empresarial clara, una gestión eficaz y un enfoque centrado en el paciente son las piezas clave para construir un consultorio dental exitoso, rentable y sostenible en el tiempo.

9.2 Plan de Acción: Cómo Implementar lo Aprendido en el Manual de Forma Práctica, con Pasos Claros para los Primeros 90 Días

Implementar una gestión empresarial efectiva en tu consultorio dental no es un proceso que suceda de la noche a la mañana. Requiere planificación, paciencia y acción. Para ayudarte a poner en marcha lo aprendido en este manual, hemos creado un plan de acción práctico dividido en los primeros 90 días. Estos primeros tres meses son fundamentales para poner las bases sólidas que te permitirán construir una empresa dental exitosa, y aquí te presentamos una guía paso a paso para hacerlo de forma efectiva.

Primeros 30 Días: Evaluación y Planificación Inicial

Objetivos Clave

- Comprender la situación actual de tu consultorio.
- Establecer metas claras y realistas para el futuro cercano.
- Implementar las primeras mejoras rápidas que generen impacto inmediato.

Acciones a Tomar

1. **Evaluación Inicial del Consultorio**

o **Revisa tu estructura financiera**: Haz un análisis de los ingresos y egresos actuales de tu consultorio. Esto incluye comprender la rentabilidad de los servicios que ofreces y la eficiencia de tus costos operativos (materiales, salarios, impuestos, etc.).

- **Evalúa la experiencia del paciente**: Realiza una evaluación de la experiencia del paciente en tu consultorio, desde la programación de citas hasta la atención post-tratamiento. Si es posible, pide retroalimentación a algunos pacientes actuales sobre cómo pueden mejorar los servicios.
- **Revisa la estructura de tu equipo**: Haz un inventario de las habilidades y el desempeño del personal. Evalúa si existe algún vacío en términos de formación o roles que deban ser optimizados.

2. **Establecimiento de Metas y Objetivos**

- **Define tus objetivos estratégicos** para los primeros 90 días y más allá. Algunos ejemplos pueden incluir aumentar la base de pacientes, reducir los costos operativos o mejorar la satisfacción del paciente.
- **Establece KPIs claros** (Indicadores clave de rendimiento) para medir el progreso de estos objetivos. Algunos KPIs pueden incluir el número de pacientes atendidos, el nivel de satisfacción del paciente, el tiempo de espera, el cumplimiento de los presupuestos financieros, entre otros.

3. **Revisión de la Oferta de Servicios**

- **Evalúa la competitividad de tus servicios**: ¿Estás ofreciendo servicios que están alineados con la demanda actual del mercado? Si no lo estás haciendo, comienza a planificar la introducción de servicios adicionales o el ajuste de tu oferta actual, como ortodoncia, implantes dentales o blanqueamientos.

4. **Optimización de la Gestión Financiera**

- o **Revisa y ajusta tus precios** si es necesario. Asegúrate de que tus precios sean competitivos, pero también sostenibles para tu negocio.
- o **Crea un presupuesto mensual** que refleje una previsión realista de ingresos y egresos, así como un fondo de ahorro para inversiones futuras.
- o **Implementa un sistema de control de cobros**: Evalúa tus procesos actuales para asegurar que los pagos se realicen a tiempo y los pacientes tengan opciones claras para pagar (tarjetas, transferencias, seguros).

Días 31 a 60: Implementación de Mejoras Operativas y Marketing Inicial

Objetivos Clave

- Implementar cambios operativos inmediatos para aumentar la eficiencia.
- Comenzar a mejorar la presencia online y la visibilidad del consultorio.
- Iniciar la fidelización de pacientes.

Acciones a Tomar

1. **Optimización de la Gestión de Citas**

- o **Revisa el proceso de programación de citas**: Evalúa la eficiencia en la forma en que se gestionan las citas y las posibles cancelaciones. Si es necesario, implementa un sistema de recordatorio de citas automatizado o usa aplicaciones para gestionar el calendario de manera más eficiente.

- **Optimiza el tiempo de los profesionales**: Asegúrate de que el tiempo de los dentistas y el personal de apoyo se utilicen de manera productiva y eficiente, minimizando los tiempos de espera y las cancelaciones.

2. **Implementación de Estrategias de Marketing Digital**

- **Lanza una campaña de marketing en redes sociales**: Crea perfiles activos en plataformas como Instagram, Facebook y LinkedIn. Publica contenido relevante sobre los servicios que ofreces, casos de éxito (con el permiso de los pacientes), consejos de salud dental y testimonios.
- **Actualiza tu sitio web**: Si aún no tienes un sitio web, este es el momento perfecto para crearlo. Si ya lo tienes, asegúrate de que sea fácil de navegar, contenga información relevante y esté optimizado para SEO.
- **Mejora tu presencia en Google**: Registra tu consultorio en Google My Business para aumentar la visibilidad local. Optimiza tu perfil con fotos de tu consultorio, servicios y horarios.

3. **Fidelización de Pacientes**

- **Crea un programa de fidelización**: Implementa un sistema que recompense a los pacientes recurrentes, ya sea con descuentos, promociones especiales o beneficios exclusivos como revisiones gratuitas después de un cierto número de visitas.
- **Encuestas de satisfacción del paciente**: Haz un seguimiento a los pacientes para obtener comentarios sobre su experiencia. Esto no solo te ayuda a mejorar, sino que también demuestra un compromiso genuino con su bienestar.

4. **Capacitación y Desarrollo del Personal**

- **Organiza una sesión de capacitación** para todo el personal, enfocada en la atención al cliente, procedimientos de salud y seguridad, y cómo mejorar la experiencia general del paciente.
- **Fomenta la motivación**: Implementa reuniones periódicas con el equipo para alinear objetivos, compartir logros y ofrecer incentivos para mantener alta la moral del grupo.

Días 61 a 90: Consolidación de Estrategias y Expansión

Objetivos Clave

- Asegurarse de que los cambios implementados estén dando resultados.
- Comenzar a explorar oportunidades de expansión y asociaciones estratégicas.
- Maximizar el uso de la tecnología para seguir mejorando la eficiencia.

Acciones a Tomar

1. **Evaluación de Resultados**

- **Monitorea el impacto de las estrategias implementadas**: Compara los resultados obtenidos en estos 60 primeros días con los KPIs que estableciste al principio. ¿Has visto un aumento en los pacientes? ¿Mejoró la eficiencia operativa? ¿La satisfacción del paciente ha aumentado?
- **Ajusta lo necesario**: Si alguna estrategia no ha dado los resultados esperados, haz los ajustes necesarios para

mejorar. Revisa especialmente los aspectos financieros y de marketing.

2. **Explora Oportunidades de Expansión**

- **Evalúa la posibilidad de diversificar los servicios**: Basado en las necesidades de tus pacientes y las tendencias del mercado, ¿hay algún servicio adicional que puedas ofrecer? Considera la posibilidad de incluir especialidades como ortodoncia, implantología o blanqueamiento dental.
- **Considera la expansión del consultorio**: Si el volumen de pacientes ha aumentado significativamente, podrías empezar a planificar la expansión del consultorio, bien sea aumentando el número de profesionales o abriendo nuevas sucursales en zonas estratégicas.

3. **Automatización y Herramientas Digitales**

- **Implementa software de gestión dental**: Si aún no lo has hecho, invierte en un software especializado para la gestión de citas, historiales clínicos y facturación. La automatización de estos procesos mejorará la eficiencia, reducirá los errores y liberará tiempo para el personal.
- **Digitalización de registros y tratamientos**: Si aún no lo has hecho, comienza a digitalizar los registros de los pacientes. Utiliza radiografías digitales, imágenes 3D y otras herramientas tecnológicas para mejorar la calidad del diagnóstico y tratamiento.

4. **Fortalece las Alianzas Estratégicas**

- **Busca colaboraciones con otros profesionales**: Explora oportunidades de formar alianzas con otros dentistas o profesionales de la salud. Las colaboraciones interprofesionales pueden ofrecer nuevas oportunidades para atraer pacientes y aumentar la visibilidad.

- **Revisa asociaciones con proveedores y laboratorios**: Negocia con tus proveedores de equipos y materiales para obtener mejores precios o condiciones que favorezcan la rentabilidad de tu consultorio.

Implementar los conceptos aprendidos en este manual no es una tarea fácil, pero con un enfoque disciplinado y una ejecución estratégica, puedes ver resultados tangibles en tan solo 90 días. Comienza por comprender la situación actual de tu consultorio, implementa mejoras rápidas en áreas clave y establece bases sólidas para el crecimiento futuro. Recuerda que el éxito de tu consultorio dental depende de cómo gestionas cada aspecto de tu práctica, desde la atención al paciente hasta la parte financiera y operativa. ¡El camino hacia el éxito empresarial dental comienza hoy!

EPÍLOGO

Todo libro que aborda la gestión, la organización y la toma de decisiones corre el riesgo de ser leído como un manual cerrado, como si al llegar a la última página el lector debiera sentirse equipado, completo o definitivamente preparado. Este libro no busca eso. No porque el contenido sea insuficiente, sino porque la realidad que describe está en constante movimiento. La empresa odontológica, como cualquier organización viva, no se estabiliza nunca del todo. Evoluciona, se adapta, se tensiona y vuelve a reorganizarse una y otra vez.

Este epílogo no pretende resumir lo ya dicho, ni repetir conclusiones. Pretende situar lo leído dentro de un proceso más amplio. Porque gestionar un consultorio dental no es un proyecto que se termina, sino una responsabilidad que se ejerce en el tiempo. Y comprender eso cambia profundamente la manera de actuar.
A lo largo de este libro se ha insistido en una idea central: el consultorio no es solo un espacio clínico, es una estructura. Tiene reglas, flujos, límites, recursos y personas. Tiene una economía interna, una cultura implícita y una dirección, aunque esta última a veces no sea consciente.

Incluso la ausencia de dirección es, en sí misma, una forma de gobierno, aunque sea una de las más costosas.

Muchos profesionales llegan a este punto de lectura con una sensación ambivalente. Por un lado, alivio al reconocer que los problemas que enfrentan no son individuales ni producto de una incapacidad personal. Por otro, una cierta incomodidad al comprender que ya no pueden atribuirlos únicamente a factores externos. El mercado, la competencia, los pacientes o el contexto influyen, pero no gobiernan por completo. La estructura interna siempre acaba imponiendo sus consecuencias.

Este libro ha querido ofrecer una mirada externa, empresarial y estratégica sobre un sector que durante mucho tiempo se pensó a sí mismo casi exclusivamente desde lo clínico. No para desplazar ese núcleo, sino para rodearlo de un marco más sólido. La excelencia clínica es insustituible, pero no se sostiene sola. Necesita orden, previsión y decisiones conscientes.

Llegados a este punto, es importante decir algo con claridad. No existe el consultorio perfecto. No existe la estructura ideal que, una vez alcanzada, elimina los problemas. Cada etapa de crecimiento genera nuevas tensiones. Cada decisión abre oportunidades y también riesgos. La gestión no es un camino hacia la tranquilidad absoluta, sino hacia una mayor capacidad de anticipación y de respuesta.

Por eso, cerrar este libro no significa haber resuelto la empresa, sino haber comenzado a verla con otros ojos. Significa haber incorporado un lenguaje distinto. Haber entendido que hablar de números no es traicionar la vocación, que organizar procesos no es burocratizar la atención, que liderar no es imponer, sino sostener una dirección compartida.

Este epílogo quiere también ampliar el horizonte. La odontología está entrando en una fase de transformación profunda. La tecnología, la concentración de mercado, la profesionalización de la gestión, la aparición de grupos clínicos y nuevas formas de relación con el paciente están redefiniendo el sector. Frente a estos cambios, hay dos actitudes posibles. Resistirse, esperando que el contexto vuelva a ser como antes, o comprenderlo para actuar con mayor libertad dentro de él.

Comprender no significa aceptar todo sin crítica. Significa saber desde dónde se decide. Un dentista que entiende la lógica empresarial de su práctica no se convierte automáticamente en parte de un sistema impersonal. Al contrario, gana margen de maniobra. Puede elegir crecer o no crecer, asociarse o mantenerse independiente, especializarse o diversificar. Lo que pierde el miedo es la decisión inconsciente.

Este libro se ha centrado en sentar bases. En explicar principios que rara vez se enseñan en la formación sanitaria, pero que determinan el destino de la práctica. Sin embargo, cada uno de esos principios abre un campo completo de reflexión y trabajo. La gestión financiera de un consultorio merece un análisis mucho más profundo. El liderazgo de equipos sanitarios requiere herramientas específicas. El marketing en salud no puede abordarse con los mismos criterios que en otros sectores. La innovación tecnológica plantea dilemas éticos y económicos que apenas comienzan a explorarse.

Por eso, este epílogo no cierra un ciclo, sino que lo deja deliberadamente abierto. La serie médica a la que pertenece este libro nace con la intención de acompañar esa complejidad creciente. No con respuestas definitivas, sino con marcos de comprensión cada vez más precisos. Cada título futuro profundizará en uno de los grandes ejes que aquí se han esbozado, siempre desde una mirada aplicada, realista y conectada con la práctica cotidiana.

No se trata de construir una teoría general de la empresa médica, sino de ofrecer herramientas para pensar mejor cada decisión concreta. Desde cómo estructurar un equipo hasta cómo evaluar una inversión, desde cómo medir el desempeño hasta cómo prepararse para un relevo generacional. Son temas que rara vez se discuten abiertamente, pero que determinan el futuro de muchas clínicas.

También es importante señalar algo que a menudo se omite. Gestionar una empresa de salud no es solo un desafío técnico, es un desafío humano. Implica tomar decisiones que afectan a personas. Implica manejar expectativas, conflictos, cansancio y motivaciones. Ningún manual puede eliminar esa dimensión. Lo que sí puede hacer es ayudar a no cargarla en soledad.

Este libro no ha sido escrito para imponer modelos ni para juzgar trayectorias. Cada lector llega aquí desde una historia distinta. Algunos están empezando. Otros llevan años sosteniendo estructuras que crecieron más rápido de lo previsto. Otros están replanteándose su lugar dentro de su propia clínica. Todos comparten una misma necesidad: entender mejor el sistema del que forman parte.

Si al cerrar este libro el lector siente que su consultorio ya no es solo un espacio donde ocurren cosas, sino una organización que puede ser observada, analizada y dirigida, entonces el objetivo está cumplido. No para controlarlo todo, sino para dejar de vivir a merced de la inercia.

El verdadero cambio no ocurre cuando se implementa una herramienta, sino cuando se adopta una forma distinta de pensar. Cuando se pasa de reaccionar a decidir. Cuando se deja de confundir sacrificio con compromiso. Cuando se entiende que cuidar la empresa también es una forma de cuidar la práctica y a las personas que la sostienen.

Este epílogo es, en ese sentido, una invitación a continuar. A no cerrar el libro como quien archiva un problema resuelto, sino como quien abre un cuaderno de trabajo. La empresa dental no es un obstáculo para la vocación, es el espacio donde esta se concreta. Gobernarla con conciencia es una responsabilidad. Hacerlo con inteligencia es una oportunidad.

Los próximos libros de esta serie profundizarán en ese camino. No para añadir complejidad innecesaria, sino para ofrecer claridad allí donde suele haber confusión. Porque en el sector de la salud, como en cualquier ámbito profesional maduro, el verdadero crecimiento no viene de hacer más, sino de entender mejor.

El trabajo, por tanto, continúa.

Made in the USA
Coppell, TX
18 February 2026